中国少数民族人口丛书

仡佬族

翟振武 主编

孙建芳／著

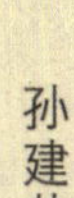

中国人口出版社
China Population Publishing House
全国百佳出版单位

图书在版编目（CIP）数据

仡佬族/孙建芳著．—北京：中国人口出版社，2013.6（2022.7重印）
（中国少数民族人口丛书）
ISBN 978-7-5101-1831-9

Ⅰ.①仡… Ⅱ.①孙… Ⅲ.①仡佬族－民族文化－中国 Ⅳ.①K287.1

中国版本图书馆CIP数据核字（2013）第127436号

中国少数民族人口丛书 仡佬族
ZHONGGUO SHAOSHU MINZU RENKOU CONGSHU GELAOZU

翟振武 主编 孙建芳 著

责任编辑 曾迎新
美术编辑 刘海刚
责任印制 林 鑫 王艳如
出版发行 中国人口出版社
印　　刷 北京兴星伟业印刷有限公司
开　　本 710毫米×1000毫米 1/16
印　　张 9.5 插1
字　　数 132千字
版　　次 2013年6月第1版
印　　次 2022年7月第2次印刷
书　　号 ISBN 978-7-5101-1831-9
定　　价 40.00元

网　　址 www.rkcbs.com.cn
电子信箱 rkcbs@126.com
总编室电话 (010) 83519392
发行部电话 (010) 83510481
传　　真 (010) 83538190
地　　址 北京市西城区广安门南街80号中加大厦
邮　　编 100054

序

如果把一个民族比作一颗星星，那我们就是生活在一个繁星满天的世界。当今世界上有约 3000 个民族，分布在 200 多个国家和地区，绝大多数国家由多个民族组成。中国也是同样，是由各族人民共同缔造的统一的多民族国家。在漫漫的历史长河中，生活在中华大地上的各族人民密切往来、交流融合、团结奋斗、休戚与共，形成了一个伟大的强盛的中华民族大家庭，共同开发了祖国的美好河山，共同推动了国家的发展和社会的进步。

在中华民族的大家庭中，有 56 个成员，其中有 55 个是少数民族。新中国成立以来，少数民族人口一直持续增长。1953 年第一次全国人口普查时，少数民族人口总数为 3532 万人，占全国总人口的 6.1%。2010 年进行第六次全国人口普查时，少数民族人口总量达到了 1.14 亿，几乎是 1953 年的 3 倍，占到了全国 13.4 亿人口的 8.5%。各少数民族人口数量相差较大，如壮族有 1693 万人，回族 1059 万人，满族 1039 万人，维吾尔族 1007 万人，而赫哲族只有 5354 人，塔塔尔族 3556 人，独龙族 6930 人。中国各民族的人口分布呈现大散居、小聚居、交错杂居的特点。汉族地区有少数民族聚居，少数民族地区也有汉族居住；许多少数民族既有一块或几块聚居区，又散居全国各地。中国少数民族聚居区大都地广人稀，资源富集。少数民族地区的草原面积，森林和水力资源蕴藏量，以及天然气等基础储量，均超过或接近全国的一半。全国 2.2 万多公里陆地边界线中的 1.9 万公里在民族地区。全国的国家级自然保护区面积中民族地区占到 85%以上，是国家的重要生态屏障。中国各民族的起源和经济、社会、文化的发展有着本土性、多元性、多样性的特点，五彩缤纷，丰富多彩。

要全面认识中华民族，就要从认识每一个民族开始。正是从这个理念出发，我们编写了这套《中国少数民族人口》大型系列丛书，力图从历史、文化、经济、社会等各个方面，用准确、科学、生动的语言，全方位描述和展现各少数民族灿烂辉煌的历史和现状，编织出一幅绚丽多彩的中华民族大家庭的“全家福”。

编写这样一套大型系列丛书，难度非同一般。几经论证和深入研讨，最终形成了编写大纲，这套丛书各个分卷的作者绝大多数由少数民族作家担任，他们不仅熟悉自己民族的历史和文化，而且对本民族有深厚的感情。在国家新闻出版总署、国家人口计生委和中国人口出版社的大力支持下，作者们历经数年，几易其稿，终成此书。值此丛书出版之际，我们衷心地祈愿这幅“全家福”能为民族的交流和团结，为中国的文化建设，为整个中华民族的繁荣昌盛，作出一份微薄的贡献。

翟振武

2012 年 5 月于北京

PREFACE

Every nationality sparkles like a star in the firmament. Now we have about 3000 stars distributed across the world in more than 200 countries, most of which are multinational. So is China, which consists of a number of nationalities. For centuries, all the nationalities have lived together, worked together and fought together, making China a prosperous unified multinational country.

Of all the 56 nationalities in China, 55 are minorities whose population has been increasing since the founding of The People's Republic of China. According to the first census in 1953, the minority population was about 35. 32 million, accounting for 6. 1 percent of China's total population. By 2010, the number had almost tripled. According to the sixth census, the population of the minorities amounted to 114 million, making up 8. 5 percent of the 1. 34 billion people in China. The population size of minority groups varies a lot. Some of them have a large population, for example, the Zhuang Nationality has a population of 16. 93 million; the Hui has 10. 59 million people and the Manchu consists of 10. 39 million people. Some of the minorities are quite small, such as the Hezhe, the Tatar and the Drung nationalities, which have populations of 5354, 3556 and 6930, respectively. China's nationalities live together over vast areas with some living in individual, concentrated communities in small areas.

Some minorities'concentrated communities are scattered among the Hans, and some Han people also live in the minority communities. Some minorities may have one or more concentrated communities, while their people spread all over the country. Most minorities'concentrated communities have their people sparsely distributed in large areas with abundant resources. The grassland, forest, water and natural gas reserves in areas inhabited by minority people account for about half of China's total. Further, 19 000 kilometers of the nation's 22 000-kilometer land boundary are in minorities'communities. In addition, 85 percent of the country's state-level natural reserves are in the minority areas, making the people important guardians of China's ecology. Each of the nationalities'origin is unique, and their development of economy, society and culture is full of variety.

Only by learning every aspect of the minorities'lifestyle can we have a comprehensive understanding of the Chinese nation. Under this notion, we write this series of books on the Population of China's Minorities to provide a detailed picture of our Chinese nation, with the glorious past and prosperous present of the country's minorities.

It is through trials and tribulations that we write this spectacular series of books. Most of the authors, who have profound knowledge of the minorities and wrote the books with their strong emotions, are members of minority groups. With the great support of the National Publication Foundation, the National Population and Family Planning Commission and China Population Publishing House, the authors completed the books after years of unremitting endeavor.

On the publication of this series of books, we are looking forward to seeing these books contribute to the unity of the Chinese nation and help our country flourish in the future.

Zhenwu Zhai
Beijing
May 2012

目录

Contents

综 述

仡佬族，一个率先在崇山峻岭中“开荒辟草”的民族，一个世世代代被人呼作“蛮王仡佬”的民族，一个曾经辉煌灿烂却多灾多难的民族，一个历经大悲大喜却卓然于世的民族，落地生根，抽枝开叉，高山远水铸就了热情好客的民族性格，春风秋雨雕塑了多姿多彩的民族文化。他们在自己的血脉里生生不息，发芽开花；他们在历史的长河里云霞灿烂，绝代风华；他们是中华民族大家庭里盛开的绚丽迷人的民族之花。

仡佬族，祖祖辈辈生活在云贵高原的大山深处。这里山形地势跌宕起伏，峰峦叠翠，一年四季云雾缭绕，烟霞氤氲，充满了唯美的浪漫和诗意的抒情，正契合“白云生处是我家”的经典意境，更是海德格尔“诗意栖居”的绝佳典范。“高山苗，水仲家，仡佬住在岩旮旯。”仡佬族房屋村寨往往依山顺势而建，因地制宜，省地节料，干栏式、吊脚楼，既是环境逼迫的结果，又是民族智慧的体现。高原之上，云雾之间，若隐若现的仡家村寨，缥缥缈缈，恍若人间仙境，鸡鸣狗吠，真乃世外桃源。但从另一方面来看，却又是山高水深，坡陡路险，生存环境恶劣，生活条件很差。

以耕田种地为业的仡佬族，主要分布于云贵高原向四川盆地过渡的斜坡地带，平均海拔 1000 米以上。境内地形复杂，山高水急，山地多平坝少，坝中溪河纵横，加之雨量充沛，气候潮湿温润，适宜于农作物的生长。因此，农业是仡佬族的主打产业，打鱼狩猎仅为副业，鲜有人家专此为生。作为农业几季的补充，农闲时节，他们还长于冶炼水银、加工铜铁，善于纺织印染、挑花刺绣，精于竹编、石刻等工艺；有条件的人家也做点小买卖，或走村串寨，或逢场赶集。

云贵高原深处是仡佬族聚居之地　（冉从茂摄）

作为农耕民族，仡佬族和生活于此的其他民族一样，千年不变地日出而作、日落而息，男耕女织、渔樵稼穑，过着自给自足、自在自得的田园日子，简单艰辛而又快乐满足。虽不能和闻名天下、富甲一方的鱼米之乡、天府之国媲美，但只要勤劳苦做，顺应时序节令，却也丰衣足食、温饱无虞。明代以后，仡佬族普遍种植水稻、玉米、小麦、荞子、薯类、豆类等粮食作物，主食是大米和玉米，兼食小麦、红薯、土豆等面食杂粮，吃法与当地其他民族大体一致，花色品种也基本相同。一般农家饮用泉水，待客用茶是“油茶”，喝酒则是“咂酒”，如果茶、酒、饭一体，就是名闻遐迩的“三幺台”，是仡佬族招待贵客的最高礼遇。他们习惯一日三餐，饮食以酸辣为特色，早餐稀饭或酸汤“烫饭”，即用酸汤煮食剩饭，中晚餐多为大米或玉米干饭。年节饮食丰盛，吃糯米饭，平时食物简单，吃粳米饭；农忙吃得好，荤素搭配，有酒有肉，农闲吃得“素”，往往“白水”煮蔬菜，蘸辣椒水素食，很少用油炒。这是勤俭持家的仡佬族对生活作出的合理安排。

仡佬族善于纺织、蜡染和刺绣，这充分体现在他们颇具特色的民族服饰中。据史书记载，不同支系的仡佬族，曾因服装色彩款式不同而被称为青仡佬、红仡佬、白仡佬、花仡佬、披袍仡佬等，这既是他们衣着的显著特征，也是区分他们的外在标志。如在衣领、袖口、裙边绣以红花的是“红仡佬”；若所绣为绚烂艳丽的五彩色，周身缀饰蚕茧，累累如贯珠的，则是“花仡佬”；穿“贯首衣”的叫“披袍仡佬”，他们在长仅尺余的上衣外套一件无领无袖、状如布袋的“袍子”，其实是一块长方形土布，在中间剪一个洞，左右各开一孔，穿时从头套下，头手孔中出入，前胸短、后背长，缀海巴（海贝）为饰物。

仡佬族的日常服装裁剪简单，但色泽讲究，对比强烈，面料往往是手工制作的葛、麻、丝、羊毛、棉布等，这些自织自染的棉麻细布，结实耐穿、朴素大方。仡佬族衣着的最大特点是男女皆着“桶裙”，只不过男裙短女裙长，上衣前襟短后匹长。这是因为，生活在大山之中的仡佬族，每日里面对高高低低、弯弯曲曲的山路，上梯下坎、千折百回，躬身爬坡时，前短后长的衣襟、无须裁剪的桶裙最是相宜，这也算因地制“衣”的典范了。

古老的仡佬族是一个信奉鬼神、崇敬祖先的民族。他们崇拜自然、崇拜祖先、信仰多神，在漫长的民族文化历史中，其先民坚定不移的虔诚信奉“万物有灵”、“灵魂不灭”。因此，他们的信仰崇拜主要表现为以自然崇拜、祖先崇拜和鬼神崇拜为内容的原始宗教。“竹”是他们的图腾，族称“仡佬”就是仡佬语自称的汉字记音，语义有“人”和“竹”两层意思，所以“仡佬族”也可意译为“竹族”。清人严如煜《苗疆风俗考》八附仡佬语“竹子叫盖脑”，“盖脑”是“仡佬”的异写。史书记载，仡佬族“以竹为姓”，其族称由此而来。他们被认为是夜郎后裔，其分布区域属于古代夜郎国，其先民是夜郎国的主体民族“僚”，因此，他们是名正言顺的“地盘业主”。

仡佬族

仡佬族至今保留着许多原始的、独一无二的古俗，其中婚俗所体现的礼仪要求，是其伦理道德中最重要的内容，是传承民族传统文化、传统道德的主要形式，也是研究人类婚姻史的珍贵材料与活化石。如新中国成立前贵州省普安县的部分仡佬族，还保留着一种古代僚人的遗俗：女子出嫁前要打掉上腭犬齿 1～2 颗，史称“打牙仡佬”；仡佬族新娘出嫁前数天就要开始唱哭嫁歌，出嫁时要撑着伞由迎亲的和送亲的伴娘步行送到婆家；不兴拜堂，直接被送入洞房；嫁妆不是在出嫁的喜日随身带往婆家，而是在头胎小孩满月后，才由娘家人送过去；家庭是父系家长制，儿子继承家产，妇女地位低于男子；实行一夫一妻制，婚姻关系牢固。

仡佬族是一个重生亦重死的民族，同时又是一个特别注重孝道的民族，每当与自己朝夕相处的亲人谢世，特别是父母过世，生者都要虔诚地举办丧事。仡佬人办丧事礼仪纷繁复杂，除一般为亡人洗身、换衣、装殓、开路、跷棺、择地、安葬等，特别讲究送终、停丧、报丧、入殓、超度，还有跳踩堂舞、喝救苦水、做嘎等仪式。殡葬的形式多种多样，从岩棺穴葬、瓮葬、吊葬到近代墓葬，个别支系实行火葬或水葬，最独特的是“倒埋坟”，即头上脚下或头里脚外，民间所谓“横苗倒仡佬”。因居处分散、支系繁多，其习俗仪式各不相同，称谓叫法也别有特色，如招僧道、置魂幡、设灵位叫安灵，亲友吊唁叫吊香、上祭，孝子白布缠头叫开孝，歌《蓼莪》、讲《丧礼》叫开奠，入土七日一奠至七七叫烧七，择日设灵位于堂屋叫除灵。

仡佬族有着丰富生动的文化传统，其民间艺术历史悠久，主要形式有民族歌舞、神话、故事、传说、谚语、戏剧、体育活动、工艺美术等，显现出古朴的民族特色，充满着浓郁的民族气息。早在唐宋时期，仡佬族就已开始使用竹簧乐器，并有“踏歌”等艺术形式。也许，和壮、侗、藏、维吾尔族等能歌善舞的少数民族相比，仡佬族在歌舞方面算不得“出类拔萃”，但他们同样激情四溢，同样酷爱艺术，有自己独具风情的艺术类型，在音乐、舞蹈、饮食、建筑等方面都表现出较高的艺术造诣，民间艺人层出不穷，民间文化推陈出新，既有生产生活的实用性、功利性，又有传情达意、唯美抒情的观赏性、艺术性，并使二者有机结合，达到了内容与形式合二为一、“天衣无缝”的至高境界。

仡佬族虽主要从事农业，但作物往往靠天生长，水、旱、雹、虫等灾害频繁，粮食单产低下。于是，采集桐子、栓皮，编织竹器、草鞋等副业生产在其经济生活中占有重要地位。1840 年以后，由于洋纱、洋布的倾销，仡佬族铁笛布等手工业产品受到严重排挤，农村经济日渐衰落。到民国时期，大批农民失去土地，不得不外出帮工，散落全国各地，受着残酷的剥削和压迫。

新中国成立后，仡佬族人民当家做主，他们的生活发生了天翻地覆的变化，不仅有了经济的快速发展和稳步增长，更有了政治上的大翻身，有了个人的尊严和民族的权利。特别是 20 世纪 80 年代以来，仡佬族地区加大基础设施建设力度，城乡面貌发生了巨大的变化，经济快速发展，改革开放深入推进到仡佬族地区的每一个领域和角落，仡佬族经济水平与过去相比，完全不可同日而语。但毋庸讳言，其经济的崛起、振兴乃至腾飞，仍路途漫漫，征程遥遥。

第一章

开荒辟草的百濮之民

仡佬族的《祭祀歌》唱道：

我们古老人，古老人子孙，
辟草开荒地，种五谷六米。
盘古立规矩，七月要尝新，
新米做熟饭，供饭祭祖人。
杀猪又杀鸡，族人都来齐，
还要祭田娘，来年好收成。

《仡佬族古歌·祭山神》：

敖伟天神，列位祖先，地盘业主。
现在我们地方好，全靠你们的业绩。
坡是你们赶来的，山是你们留下的。
你们开辟的地盘，宽广抵天边。
我们享你们开的田地，
享你们开的大河，享你们砌的城墙，

享你们建的仓房，享你们修的瓦房，

子孙后代用不完，千秋万代不用买。

古老的民族、古老的习俗、古老的歌谣，“古老”是仡佬族当之无愧的民族符号。

在丰富多彩的民族文化中，仡佬族一枝独秀、异彩纷呈，是中国56个民族大家庭中不可或缺的优秀一员。时代飞速发展，江河日新月异，仡佬族作为贵州省本土最古老的民族，最大群落的原居民，在这片虽苦难贫瘠却弥足珍贵又充满活力和希望的土地上，勤勤恳恳、繁衍生息、孜孜矻矻、勇往直前，一切既“贵”在浑然天成，又“贵”在慎思笃行。

第一节　九天天主　开天辟地

仡佬族是贵州省的土著居民，作为最早开发这片土地的原生民族，他们感到无比的骄傲和自豪。他们的古歌说“当抱原来无人烟，开荒辟草是告佬”，又说“大田大地我们的，大山大岭我们的，东南西北我们的，大场大坝随便走，大冲大凹随便行，天宽地宽由你走，四面八方任你行”。他们由衷赞美自己民族的古老历史和辉煌业绩，这些古歌祀语、神话传说，既演绎了仡佬族开山辟草、赶山填海的英雄壮举，也一步步展示出仡家人开疆拓土、改天换地的荣耀与艰辛。

一、蛮王仡佬，开荒辟草

仡佬族历史悠久，“蛮王仡佬，开荒辟草”的歌谣至今唱响在云贵高原。从现存的汉文史籍资料可知，仡佬族的形成大致经历了濮人、

僚人、仡佬族三个历史发展时期。

濮人是我国古代人口众多、支系纷繁、分布辽阔的庞大族群，又称“卜”或“百濮”。据史书记载，早在殷商时期，濮人就已活动在西南、中南广大地域，武王伐纣，濮人与庸、蜀、羌等部族都参加了牧野誓盟，并以丹砂向周王朝献贡。周宣王六年（公元前822年），楚国叔堪曾避难于濮人地区。春秋时期，西南地区的濮人曾建立牂牁等早期奴隶制国家。周景王二十二年（公元前523年），楚人伐濮，濮人为楚所败。战国时期，牂牁国南部为南越国所占，北部为夜郎取代。濮人在西南地区除建立夜郎外，还建立了莫、且兰、句町、毋敛及滇、漏卧等地方邦国。公元前221年，秦统一全国后将上述濮人地区纳入象郡、蜀郡、巴郡管辖。西汉时期，汉武帝大力加强西南地区的治理，先后设立了犍为、越藁、牂牁、益州等郡。但这些地方邦国割据一方，仍独立于秦、汉王朝，直到汉成帝河平二年（公元前27年）夜郎亡，各邦国归附，始结束割据状态。

东汉时期，濮人在史书上以“濮”、“僚”或“濮僚”并称，晋常璩《华阳国志·南中志》记为“夷濮”，《后汉书·西南夷传》记为“夷僚”，《水经·若水注》中既有“夷濮”又有“夷僚”的记载。魏晋以后，“濮”称消失，以“僚”专称（旧时写为“獠”，读“佬”）。《魏书》载：“僚者，盖南蛮别种，自汉中达于邛笮，川洞之间，所在皆有。”魏郦道元《水经注》：“僚自牂牁北人，所在诸郡，布满山谷。”晋张华《博物志》：“荆州极西南界至蜀诸郡民曰僚子。”郭义恭《广志》：“僚在牂牁、兴古、郁林、交趾、苍梧。”由此可见，僚人由濮人长期发展而来，分布遍及今贵州、云南、广西、四川、湖南等地。

隋、唐时期，僚人经过长期发展，居住于黔北地区的僚人逐渐成为仡佬族的直接先民“仡僚”，该称最早见于隋黄闵《武陵记》，其后在唐代李吉甫《元和郡县志》中也有记载。据北宋陈彭年等修撰的

《广韵》解，“僚”作为部落称谓当读“佬”，说明仡佬从“僚人”演化而来。宋欧阳修、宋祁在《新唐书》中称为“葛僚”，陆游《老学庵笔记》称为“仡僚”，黄庭坚《山谷全集》称为“獦僚”。朱辅《溪蛮丛笑》中称为“仡佬”，元代，脱脱在《宋史》中称为“佶僚”。这些繁多的不同称谓，其实都是“仡佬”的同称异写。

明代的有关著作更明确记载了“仡佬”和“僚人”之间的承袭关系。田汝成《炎徼纪闻》说“仡佬，一曰僚”，《行边纪闻》又说“仡佬，一曰仡僚”，《嘉靖图经》也说“仡佬，古称僚”。清代，有关仡佬族的记载在《贵州通志》、《黔南识略》、《黔南职方纪略》等书和贵州各地方志中，更是处处可见。

位于务川申佑祠堂“九天回廊”的石碑

（冉从茂摄）

仡佬族长期与其他民族生活在一起，不同的民族对仡佬族的称谓不同，如彝族称“濮”，苗族称“克”或“蒙徕”，布依族称“布戎”、“布央”，壮族称“布央”、“布徕”，汉族则称之为“仡佬”、“古老”等。仡佬族内部则有“哈仡”、“翟戈倮”、“褒佬”、“布告”、“布尔”、“埃申”、“濮佬”、“葛佬”等不同自称。

仡佬族与古代濮人、僚人的族属渊源，在民族传说、地域分布及生活习俗等方面都能找到相应的依据。总之，仡佬族是从古代濮人、僚人经长期历史发展演变形成。20 世纪 50 年代，经过民族识别，国务院确认“仡佬族”为仡佬族的统称。

二、九天母石，开天辟地

“九天母石”既是优美动人的神话传说，也是真实可人的山河美景。

九天母石位于黔北务川境内的九天母石寨天祖坳洪渡河对面，远远望去，两片巨石包含着一礅浑厚的圆石，仿佛就是九天天主诞生的生动再现。相传仡佬族先民濮人是九天天主的后代，被尊为“天族”。濮王带着天神的旨意，用龟背骨刻文，巫信祭祀，占卜天下祸福。九天母石既是九天天主的“母亲石”，也是濮系民族祭祀天朝祖先的崇拜物。

九天母石　（冉从茂摄）

传说远古时期，天有九重，前八重每重各有一个天主，唯独九重天没有，因为九重天天主是天主中的天主。八个天主都想当九重天天主，也都有资格和能力，于是有天主出主意说，八位天主各选一礅巨石，打上记号，站在一重天举石砸向大地，谁的石头砸得深，谁就当九重天天主。谁知八石落地却抱合一体，眼见难分高低，突然听见巨石发出阵阵响声，石头慢慢裂成十个，又一声巨响，一磴石笋开裂，震断旁边的另一磴石笋。同时，金光闪耀，裂石中出来一位金身大汉。八位天主见此情景，不由自主伏身跪拜，那金身大汉用巨手将八位天主一一扶起，随手一招，只见一条金龙穿云破雾，从天而降，金身大汉将八个天主护上龙背，抬脚跨上龙身，直上九天，逍遥而去。八位天主经这“一扶”、“一护”，知道此金身大汉的神通法力远在自己之上，即刻跪拜，尊其为“九天天主”。

如今在大坪的九天母石寨天主坳，还可看到九天天主诞生时分裂的九礅石及被震断的石笋，高大雄伟，壁立千仞。仡佬族先民濮人崇拜大自然，认为世间万物为神仙造化，福祸吉凶是天地精灵所为，所以仡佬族至今还保留着用巫术祭祀大山、大树、巨石等习俗，以求神灵佑福族裔。因诸多历史原因，传统的野祭天祖大典已中断千年，但族裔在家香龛上祭祖的风习香火不断，绵延至今。

2009年4月5日，在务川仡佬族苗族自治县大坪镇大坪村天祖坳举行了盛大的朝天祭祖仪式，来自全国各地的仡佬族代表参与了这项仡家盛事，这既是失传多年传统的恢复，也是对古老习俗的祭祀与礼拜。

洪渡河边，祭拜台上，遥望九天母石，祭师宣读祭文：

九天母石　普天和谐
聚天之祥　忠孝敬让
瑞生吾祖　承先启后
人神共仰　万代隆昌
……

洪渡河边仡佬族盛大的祭祖仪式　（孙建芳提供）

三、以竹为姓，祭竹祭祖

仡佬族对竹崇敬有加，民间广泛流传着“竹王”、“金竹”、“赛竹三郎”等众多的神话传说及敬供竹筒的习俗。仡佬族的敬竹习俗，早在1600多年前的《华阳国志·南中志》和1500多年前的《后汉书·西南夷列传》中均有记载：夜郎者，一女子在遁水（今贵州省西部北盘江）洗衣，一三节长大竹筒漂至女子两足间，推之不去，且有小孩哭声传出。剖开竹筒，见一男婴，抱回养大，文韬武略，自立为夜郎侯，以竹为姓。后来，就像所有的民间传说那样出现“异象”：弃破竹筒之地，长出大片茂盛竹林。祥瑞之象令所有人敬畏有加，后人在此建竹王祠，以祀奉这个传说中的伟大祖先。

竹王的传说及敬竹的习俗，至今仍广泛留存在仡佬族民间。如贵州省北部道真县梅家寨的仡佬族，生下长子，要将胎盘和蛋壳埋入竹林，以祈得到竹王护佑；春节，家家户户要到竹林供献竹王纸钱。不少地方以竹筒装米祭祖或求丰收，在盛大节日和重要日子烧“竹筒饭”，以敬献天地、祭拜鬼神或招待贵客。最有意思的是仡佬族的雅意支系，在他们的习俗中，若成人去世，要立即砍一根一丈三尺长的竹子，竹梢留少许枝叶；再按死者阳寿计数，用白线搓成一丈二尺长的索子系到竹梢，称为“寿带”，即仡佬语的“必果列”，按男左女右立靠堂屋神龛旁，每天早、中、晚各给亡人供一次饭，每次在“必果列”上打一个结。葬后亦天天如此，直至满月供罢晚饭，将竹竿从根部锯下九节，每节一破为四，每片两端削出卡口。每四片扣合成一个井字方框，将其叠成方形小圈搁进竹筛，捉一鸡崽或鸡蛋置于其中，次日凌晨祭供后，将“必果列”盘绕圈外，撮谷壳把小鸡“密”上，夹火炭将其点燃，趁屋外无人，将竹筛连同剩下的竹竿、竹枝一起送到村外人迹罕至的干净处，这才算完成整个丧葬仪式的最后程序。这似乎是远古人类“结绳记事”的风俗遗留，但仡佬族对竹的崇拜和敬意，由此可见一斑。

有学者认为，对竹的尊崇源于竹图腾崇拜，而这种崇拜又源于竹对仡佬先民的生活有重要意义和实用价值。既然竹的作用体现在衣食住行等各方面，“竹”也就成为仡家人生活中不容忽视的关注对象，如即将出嫁的女儿开声必唱竹：“阳雀飞过苦竹林，命定女儿来开声。庚书开走年期到，女儿越想越伤心。”“苦竹”是仡佬族地区最常见的品种，房前屋后、水边坡头随处可见，因与人年年岁岁朝夕相伴，又因其笋鲜嫩可食，但入口微苦，便成为仡家人诉说苦情、教育子女的开口话题。仡佬族服饰中，仡佬王以竹为“冠”，头上的饰品即为“竹”，有诗“帕上图腾敬竹王，方领古朴最大方”为证。

除此之外，仡佬族的日常生活中，还有一项仡家人极其喜爱的“赛竹三郎”活动，这是由一个古老的传说开始的。

相传，竹三郎是夜郎国国王笃筒的第七子，在赛马和比箭两项大赛中都赢了六位哥哥，于是继承王位当了国王。他雄才大略，文治武功，国土一天天扩大，其他部落纷纷来降，很多小国都派大臣前来朝贡。夜郎国日益强大，年年风调雨顺，人民安居乐业，成为名震一方的国家，国强民富。但云南黑彝部落大头人沙惹，既嫉妒竹三郎的赫赫威名，也觊觎夜郎国的金银财宝，就率军举兵入侵。竹三郎匆忙应战，终因寡不敌众，英勇牺牲在色底海。三郎死后，仡佬人为纪念他，每年立春那天，村村寨寨都要赛马比箭，选出优胜者参加部落赛，胜出者再参加全族赛，冠军就叫“竹三郎”。次年再赛，赢者为新的竹三郎，三连冠者可在十里八乡任选所骑之马，谁家的马被选中，谁家就欢天喜地，要请“慧眼识珠”的三郎喝酒吃肉，并且挂红戴花，游街庆祝。从此，这一习俗世代相传，“赛竹三郎”已成仡佬族初春时节的一种全民游戏，是一种受人喜爱的体育竞技活动，更是一项承载着民族记忆的鲜活文化仪式。

“竹”作为仡佬族的图腾，对仡佬族的生活是如此重要，以至将其人格化、故事化，赋予其生动的形象和优美的传说，融入柴米油盐的日子里，体现在春耕秋收的劳作中，化为诗、化为歌，令人哭、令人笑，点点滴滴，丝丝缕缕，穿越时空，温柔岁月，述说着仡佬族对竹及竹王的崇敬与热爱。

第二节　云缠雾绕　山石人家

古老的夜郎国是一个不折不扣的山国，绵延起伏、姿态各异、奇形怪状的山组成了山的王国、山的海洋、山的世界。“开荒辟草”的仡佬族就生活在崇山峻岭中，有的因此数百年来一直被外界叫做“山仡佬”。大山的怀抱物产丰饶，林木茂密，飞禽走兽上天入地，药材山珍漫山遍野。大山是仡佬族的天然依托和固有屏障，他们生于斯长于斯，以山为家园，以山为生计，其自身构成的社会组织秩序井然。

以遵义为核心的黔北地区，仡佬族相对集中。“遵义，山国也，举目四顾，无三里平。偶平处，则洞壑萦纡，随山曲直，名之不胜名也，书之不胜书也。”山重水复、神秘莫测的大山，限制了人们的视野，妨碍了人们的出行，阻塞了信息的流通，却也仿佛影像实录，让仡佬族民间文化得以原汁原味地代代传承。有容乃大，包罗万象的大山无愧王者之尊，以其雄浑的气势，宽广的胸襟，从容的气度，丰饶的物产，形成独特的山地氛围，养育着勤劳的仡佬族儿女，蕴藉着具有大山气质的仡佬文化。

一、高山云雾，花开四季

聚居于云贵高原上的仡佬族，生存环境历来艰辛。他们年年岁岁生活在高山之上，朝朝暮暮穿行于云雾之间，既有贫瘠土地艰难刨食的辛劳，也有云端漫步如诗如画的浪漫。他们赖以维系生计的这片边陲大地，地貌属于中国西南部高原山地，境内地势西高东低，自中部向北、东、南三面倾斜，平均海拔在1100米左右，海拔落差大，90%以上的面积为山地和丘陵。山脉众多，重峦叠嶂，山高谷深，绵延纵横。土地资源以山地丘陵为主，平坝较少。土层较厚、肥力较高、水源好的耕地所占比重较低，俗称“八山一水一分田”。这种地理特点，使得可用于农业开发的土地资源并不多，人均耕地面积远低于全国平均水平。

仡佬族聚居地区，岩溶地貌范围广泛，发育典型，形态类型齐全，地域分布明显，构成一种特殊的岩溶生态系统：山高、水急、坡陡、谷深。云天一色，山水相接；山中有洞，洞中有河；洞洞相通，水水相连。除少数村落坐落于山间平畴外，绝大多数村寨分布于边远山区，

故有“高山苗，水仲家，仡佬住在岩旮旯”的俗谚。自古以来，这里都是隔山隔河相望，鸡犬之声相闻，却老死不相往来，哪怕面面相对，翻山越谷也要七弯八绕走上半天一天。因此，这里的人们“说话如吼”，赶路唱歌，“喊话”对歌，天长日久却也练出了一副天生的好嗓子，成就了那些个荤荤素素、长长短短的情歌山歌。

仡佬族地区田园风光 （冉文玉摄）

仡佬族聚居区地势起伏较大，海拔高者可达1800米左右，低者仅约300米。高低极为悬殊的地势使地域温差显著，气候呈多样性特征，故有“一山分四季，十里不同天”之说。这里大多属亚热带湿润季风气候，主要特征为温和湿润，冬无严寒、夏无酷暑，秋季多阴雨、冬季多细雨，四季气温变化小，冬暖夏凉，气候宜人。尤其是盛夏时节，七月流火，酷暑难耐，而此地平均气温在22～25℃，属于典型的夏凉地区，降水较多、雨季明显，阴天多、日照少。当然，气候不稳定，灾害性天气种类较多，干旱、秋风、凌冻、冰雹等频度大，对农业生产的危害比较严重。

立体的地形、立体的气候、立体的植被，针对这种“立体性”，仡佬族因地制宜、精耕细作，形成了适宜于山地农耕的耕作方式。独特的气候条件使这里植被丰厚，具有明显的亚热带性质，组成种类繁多、区系成分复杂。植物区系以热带及亚热带性质的地理成分占明显优势，且植被在空间分布上表现出明显的过渡性，从而使各种植被类型在地理分布上相互重叠、错综，各种植被类型组合复杂多样。

垂直分布的地形地貌，立体差异的山地气候，造就了仡佬族地区“一山十里，花开四季”的独特景观，具有极高的旅游观赏价值。放眼望去，天高云淡，绵绵大山蜿蜒起伏，从山脚到山顶，云雾缭绕，峰峦叠翠。不仅气温相差了数十摄氏度，植物也差了好几季，漫步在九曲回肠、崎岖陡峭的山间小道，一路行来，感受春夏秋冬寒暑变化，亲见一年四季花开花落，而且沿途景观错落有致，崇山峻岭、溪流纵横、银瀑飞溅、林木幽深、景色旖旎、风光无限，宛若遗世独立的大家闺秀，又似“养在深闺”的俏丽佳人。

过去，贵州省最广为人知的是苦苦的“三无”民谣，天不时地不利人不和，天、地、人三才居然一无所有，即便21世纪已过了最初十年的今天，这里在外界眼中仍是贫穷落后，比如那个流传很广的“交通基本靠走”的段子，这当然是打趣、调侃或是自嘲、谐谑，但偏远闭塞、交通不便却也是不争的事实。所以，仡佬族村寨的房前屋后、田间地头随处可见这样的宣传口号：“要致富，先修路”、“多养猪，多修路，快致富”。这是时代发展趋势，是社会历史走向，也是广大仡佬族儿女渴望走出贫穷、走进富足、走向小康的集体心愿。

二、西南边陲，夜郎旧迹

仡佬族被认为是“夜郎”后裔。夜郎即“夜郎国”，因成语“夜郎自大”而“名垂青史”。关于夜郎，仡佬族民间广泛流传着这样的传说：仡佬人的首领是一个叫夜郎的英雄，他带领族人建立家园，广植

竹林，他的国家被命名为“夜郎”，他也被誉为“竹王”。仡佬族现在分布的区域属于古代的夜郎国，其先民就是夜郎国的主体民族“僚”。作为最名正言顺的“地盘业主”，仡佬族有这样的习俗：每年秋收前“吃新”，可到任何人家的任何田地采摘新稻，集中舂米做成新米饭。这在当地早已约定俗成，人们普遍认为，仡佬族是土地的真正主人，是传说中“开荒辟草”的“蛮王仡佬”，新谷成熟，理所当然最有资格首先“尝新”。因此，被摘人家不仅不恼，反而喜气洋洋，格外得意，因为被“先人”眷顾既是无上的荣耀，也是最“露脸”的体面，表明“祖先”的护佑和荫庇，昭示着来年风调雨顺、五谷丰登；人畜兴旺，和谐平安。

考古学家认为夜郎国在战国时就已存在，汉朝时发展为西南地区少数民族的最大邦国。有关夜郎国的记载，主要见于《史记·西南夷列传》：“西南夷君长以什数，夜郎最大。”关于夜郎国的中心位置，史书只有一句“临牂牁江”。牂牁江是今六盘水市与普安县的交界，所以六盘水和毕节赫章可乐遗址这一大片区域都被认为是古夜郎国的所在地。唐代在贵州桐梓和湖南沅陵等地设过夜郎县，湖南省新晃侗族自治县曾名“夜郎县”。当年诗仙李白闻听好友王昌龄被贬谪时，写下了传诵千古的不朽诗句《闻王昌龄左迁龙标遥有此寄》：“杨花落尽子规啼，闻道龙标过五溪。我寄愁心与明月，随君直到夜郎西。”龙标就是今天的湖南黔阳。王昌龄的放逐边地，李太白的遥寄诗心，群星璀璨的盛唐诗坛，两大诗人的深交厚谊与惺惺相惜，尽在这寥寥数字中彰显无遗，同时也使得“夜郎”的偏远蛮荒更加闻名遐迩，世人铭记。

既然夜郎在今贵州西部、北部和云南东北部及四川南部部分地区都曾建立过政权，那么，夜郎故地究竟何在？考之历史，黔北桐梓“当选”的呼声极高。也许是“黔驴技穷”和“夜郎自大”的“名声在外”，夜郎如今成了“香饽饽”，至少是这里的人们夸耀或自嘲的话题。

但无论如何，古老悠久的历史遗存和得天独厚的地理位置，确实使桐梓占尽天时地利。

桐梓位于大娄山山麓。大娄山形成于两亿多年前，属于典型的喀斯特峰丛山地地貌。远古时期，这里曾是一片波涛汹涌、巨浪翻滚的汪洋大海。厚厚的石灰岩层在海中沉积，冰河时代，海水后退，曾经的海床上升为陆地，喀斯特地形特征开始显现，表现为大面积的石灰岩、石灰坑、落水洞、绝壁断层以及时隐时现的河流、溶洞、钟乳石、石笋、地下河流与峡谷……蜿蜒逶迤的大娄山脉，落差较大的地理环境，千变万化的地形地貌，千姿百态的丰富物种，喀斯特地貌的天然洞穴，中亚热带润湿季风气候，一切的机缘巧合适时相遇，使这里成为古人类繁衍生息的理想场所，尤其是分布广泛的石灰岩溶洞，构成了绵延数百万年旧石器时代人们最理想的栖息之地，成为人类生长繁衍的摇篮之一。距今20万年前，“桐梓人”就生活在大娄山的桐梓岩灰洞里，他们是早期的直立人和“文明人”，能够使火种日夜通明，经年不熄，他们还知道用火取暖、驱逐野兽和烘烤食物。约1.8万年前，居住在大娄山马鞍山岩洞里的先民已经学会了使用弓箭，留存了一件弥足珍贵的骨箭头，这是旧石器时代唯一一枚鲜活的“物证”。

位于务川申佑祠堂“九天回廊”的石碑（冉从茂摄）

岁月悠悠，江河奔流，历史走过了秦皇，走进了汉武。雄心勃勃的汉武帝意图攻打南越国，特遣唐蒙前往“考察”。唐蒙发现当地美味

的枸酱（茅台酒前身）来自夜郎，因上书武帝“通夜郎以制南越”，于是武帝派唐蒙出使夜郎，见其首领夜郎侯多同，许以高官厚禄，除赏赐大量的财帛宝物，还约定在当地设置郡县官吏，并以其子为县令。夜郎侯认为，汉朝与夜郎相距遥远，势力难及，不妨权且答应，一保平安二求财帛。但山高皇帝远，夜郎侯就自诩为大，屡次不服于汉，并有“汉孰与我大”的著名一问，成为贻笑大方的成语典故。古老的传说绝非空穴来风，必定有着现实哪怕游丝般的踪迹。直到汉朝灭亡南越，夜郎国才开始入朝，武帝封夜郎王。《汉书》记载，夜郎王在汉成帝河平二年（公元前 27 年）举兵反汉，汉朝派兵诛灭，夜郎国亡，改设郡县，到宋朝还短暂出现过夜郎县的称号。

第二章

丰富多彩的民族文化

世界上的每个古老民族，都有自己独一无二的文化特质，而且与这个民族休戚与共、生死相关，既不可或缺也无可替代。这些独具特色的文化形态，表现在他们的思想观念、生活形态、行为心理等各个方面，如生老病死的世界观、爱恨情仇的人生观、油盐柴米的生活观、衣食住行的价值观……成为一个民族区别于其他民族的显著标志。

传统文化是一个民族的灵魂和精神，是一个民族区别于其他民族的身份证，也是傲然独立于世界民族之林的通行证。仡佬族生活的主要区域是贵州省，这里既有在竹林山水的情韵中、在美酒清茶的滋润下产生的以夜郎文化、红色文化、旅游文化为代表的主流精英文化、“雅”文化；也有在险山深洞的历练中、在傩戏民歌的唱颂下产生的以土司文化、囤堡文化为代表的边缘草根文化、“俗”文化。把这诸般文化窖藏，与中原文化融合，再与世界文化调和，让地方文化的基因融入民族文化，接轨世界文化，在小环境和大气候下如陈年老酒般发酵，就打造出了独一无二、历久弥香的窖藏文化精品。

地理文化特征反映了当地自然环境的特点，并渗透、反映到文化物质上。如长期生活在温湿气候下的仡佬人喜食酸辣食品，而生活在高温炎热气候下的则喜欢清淡食物；居住在平地的仡佬人多以大米为

主食，住山区者则多以玉米为主食；住河岸者多沿河谷走向呈条带状分布，住山区者则多零星分布。同样，由于居住环境不同，形成的文化心理特征也有所不同。如居住深山丛林的仡佬族，其刺绣多花、鸟；居住河岸周围的则多水、鱼；居住离城镇较近、交通便利者易形成商业文化，能较快接受新事物；而离城较远、交通不便者则多形成农耕文化，其接受新事物的步伐也缓慢得多。

第一节　传统文化　独领风骚

一、和合安乐，诸般禁忌

据汉文献记载，早在商代，仡佬族先民濮人就曾参与过武王伐纣，是古代西南地区一支庞大的族群。但由于历代战争、民族融合和长期迁徙等原因，仡佬族的民族文化流失较大，传统保留一波三折，但这个倡导“和合”理念的民族，以“和”为信念，以“合”为理想，虽历经沧桑，屡遭劫难，却谨遵古训，自强不息，始终把“和为贵”、“与其他民族和谐融合”视为本民族的行为规范，追求宽容和忍让。他们敬祖先、讲仁义、守规则、重忠孝、明道理、辨是非；崇尚知识、宽厚仁慈；万事“礼”为先，诸事“和”为贵。他们对理想社会的勾勒，立足于民族生存的自然与社会环境，试图建立一个以安定生活、勤劳自立、平等共生为主要内容的和谐社会。

仡佬族所处的自然环境较为恶劣，石厚土薄，相对于那些水土肥美、便于耕作的地区，他们的劳动成本显然要高得多，因而勤劳自立就成为民族生存必备的条件。面对嶙峋乱石、荒坡杂树，仡佬先民终年劳作，辛勤耕耘，但贫瘠的土地出产有限，瘦弱的山水获利难丰。在与险山恶水顽强抗争的生命旅程中，饱足温暖的生存状态和安定和谐的生活环境，就成为仡佬族追求的生活目标和理想蓝图。

如果说勤劳自立的社会道德准则是构成仡佬族和谐社会基础的话，那么，平等共生的人际关系则是仡佬族和谐社会的主旋律。和汉民族一样，他们也特别强调家庭和睦，强调妥善处理家庭关系，特别是夫妻关系、婆媳关系、邻里关系等，积极维护家族与家族、民族与民族的和谐友爱、和平共处。在仡佬族的古歌《叙根由》中，多处要求族人与家人和睦亲爱，与苗族、汉族友好亲善；仡佬女儿“哭嫁”，母亲、嫂子、姐姐的“陪唱”，都是谆谆教诲和殷殷告诫，从不同维度表达了他们对平等共生、和谐相处的社会关系“和合”的憧憬和期冀。

仡佬族“和合”的最高境界，是实现各民族的团结合作、和平相处、和谐共生。《叙根由》中也有详细记载和生动描述，如第四章的“打虎、擒獐、射羊”，不仅绘声绘色地再现了早期先民的狩猎场景，而且重点记叙了各民族集体协作的打猎盛况：行猎时，仡佬族与汉、苗、彝、布依等兄弟民族一道，既各行其是又彼此合作，分分合合，有分有合，分合合理，利益均沾，最终获取猎物，赢得战利品。这样的团结协作充分注重了大集体大利益与小团体小利益的合理分配，互惠互利，皆大欢喜。

仡佬族文化有其独立的一面，但通过各种文化不断交流，加之其他共居民族文化的移入，容纳吸收了许多其他民族、异域文化，融合渗透，同化异化，自身文化与身边民族文化出现了许多相同相类之处，如其节日、禁忌等与汉族就有许多相似之处。又因住地分散、分支繁多，各支系所受的文化传播途径不同，故而不同地域、不同支系的仡佬族，在生活方式、风俗习惯等方面有很大区别，这就造成了仡佬族虽族群庞大、人数众多、聚族而居，却语言相异、习俗有别、合而不同。

和谐社会是中国传统文化提倡和追求的理想社会。作为中华民族

文化大家庭的一员，深受儒家文化浸润的仡佬族，善良质朴，勤劳自立，以“和合”为自己的信念与追求，代代传承，生生不息。

由于农耕文化自身发展的实际需要，仡佬族原始宗教信仰“万物有灵”、“灵魂不灭”，对祖先的崇拜占首要地位，其祭祀活动也以祭祖最多。他们崇拜信奉的祖先有蛮王老祖（农神）、宝王（财神）和黑神、竹王等，且有专司祭祀庆典、祈福求寿、退鬼避邪、超度亡灵的巫师，各地对其称呼不一，如“巴磨”、“濮菲”、“果珠”、“纳汗”，黔北一带则称为“道士”或“端公”。因历史发展的局限，他们自然崇拜对象主要有“石保爷”、“树保爷”、“神树”、“山神”等。追根溯源，传说仡佬先祖最早寄居于树，后又栖身岩洞，在大树、岩洞的庇护下，得以免除猛兽伤害、雨雪侵袭，才能子孙繁衍、民族昌盛，故视大山及巨树巨石为神而代代祭祀。所以，每到农历三月初三，仡佬族都要去祭祀山神；每到戊日和每年的四月初八，也是仡佬族重要的禁忌日子。

总之，仡佬族的宗教信仰以祖先崇拜和自然崇拜为主，受佛教、道教，有的地方甚至还受天主教的影响，表现为兼收并蓄、各种宗教相互渗透混杂的状态。正因如此，仡佬族的民间禁忌较多，且自古以来就有占卜的习俗。各种占卜形式，在不同的年节、生产和生活中使用，吉凶福祸显现在占卜的过程和结果之中，蕴含着各自不同的文化意义。

“神”在仡佬族的民族意识里呈现为直接的自然力并表现为泛神、多神信仰，于是就有了种种独一无二的禁忌特俗。如所居不着地的“鬼禁”、忌关大门的“门户不扃”，年节禁忌中的“正月头，腊月尾”、烧“迎新火”、“耍灯”、“炒虫虫粑”及其他禁忌等。

鬼禁：房屋居所不着地，“鬼方”敬鬼远避之

仡佬族素有“鬼禁”之俗，包含着“敬鬼神而远之”的意思。据南宋朱辅《溪蛮丛笑》载："仡佬以鬼禁，所居不着地。虽酋长之富，屋宇之多，亦架木排比，如省民羊楼。"其俗承袭了古人"巢居岩谷，因险凭高"，"依树为层巢而居，各曰干栏"的传统。如今，在黔东北一带的农村，仍然承袭"所居不着地"之俗。如现在所住的木制瓦房（俗称正房）的右后间，木板铺底，离地约一尺，俗称"地楼屋"，此为男女主人居所，即今之都市流行语"主卧"。正房之前的厢房，飞檐翘角，扶手栏杆，俗称"楼子"；楼子上常有两三房间，为青年子女居住；楼下专为圈养牲畜。既然"所居不着地"，那么，无论居住干栏、木楼、竹楼，都既可防避野兽攻击、蛇虫叮咬，又可避免寒气潮湿的浸润腐蚀。所以，"鬼禁"当是"敬鬼"之意，其"鬼"不是一般意义的所谓鬼魅、鬼怪，而是专指大地、母亲，这是有史可考、有据可查的。

年节禁忌：年头月尾"排场"大，迎新"烧火""耍灯"花

常言道："正月忌头，腊月忌尾。"仡佬族十分重视辞旧迎新的春节，因此年头岁尾的禁忌习俗非常之多。尤其是在除夕和正月初一，一家子男女老幼都要欢欢喜喜、高高兴兴，共享合家团圆、和谐美满的天伦之乐，特别忌讳生气吵嘴和打骂小孩——除夕称为"打封印"，初一称为"打开张"，一头一尾动"粗"，无论开口骂人还是动手打人，都于来年多有不利。他们还特别讲究烧"迎新火"，俗话有"三十的火，十五的灯"，为过春节，仡佬人早在十冬腊月，便要上山寻找一个大"树疙篼"，挖回家来晾干，以备除夕之夜烧"迎新火"之用。迎新火也叫"疙篼火"，意味着一家人红红火火、和和美美的好日子。所以，到了正月初一的早晨，也不能吹拨火炕里的疙篼火，相传如吹拨"疙篼火"来年易遭口舌是非。

正因如此看重春节，就有了烦琐细致的种种禁忌，如除夕晚上的"年饭"，特别忌吃汤泡饭，否则来年出门易遭雨淋；年夜饭后要"封

甑子”，直到正月初二早上，主妇将甑子抱到户外打开，边舀饭撒向野外边念：“放蚊子啊！放你飞，飞远点；飞到阴山背后去，好让这里干净点!”祈求蚊蝇害虫远离家人。半夜子时要燃放鞭炮，这叫“开财门”；除夕之夜忌串门，还有一首专门教人“遵纪守法”的守岁诗：“已闭财门莫乱敲，年年守岁到通宵，客来甜酒粑粑煮，恭喜一声运气高。”此夜人人都必须洗脚，而且洗法讲究，不能洗到膝盖以上，因为洗“翻山”了，来年走人户“撞不到嘴”，即走亲访友碰不上别人吃东西，自己当然也就得不着吃。这其实是贫穷年代饥饿逼迫出来的一点小小狡黠，一种再简单不过的生命本能和生存要求。

仡佬族的许多禁忌都因象形、谐音而来，如除夕夜和年初一不能烧粑粑吃。“粑”谐音“疤”，据说吃了易烧衣服或被火烧成“疤子”。除夕之夜，有的人家还要将自家的秤、梳子、扫帚等藏起来，说是大年初一不能见到秤和用秤称东西，否则来年易碰见蛇；也不能梳头，“梳”与“输”同音，梳头会“输”掉运气；不能扫地，扫地易遭大风，又说“扫穷扫穷，越扫越穷”。还有，大年初一不能吃米饭，只能吃汤圆、面条、饺子或绿豆粉等，据说“饭”谐“犯”音，以避免“犯消”（易损坏东西）、“犯事”；也不能叫人起床，因为初一早晨睡大觉俗称“挖窖”，意为做梦挖到地下宝藏，故不能惊扰其发财美梦。

除此之外，仡佬族日常生活中还有一些其他禁忌，如忌小孩吃猪蹄叉（猪脚），说娃儿家吃了猪蹄叉，长大后难找“媳妇崽”，提亲时总有人“打谗嘴”，也就是说坏话。禁忌诸多的仡佬族，即便非年非节的寻常日子，也至少十天就有一“忌”，这种动态的民间民俗，有专门的《祭戊歌》提醒：

三月初三山王生，不砍不挖莫要耕；
三月初四土王生，莫要动土欺土神；

四月初八牛王生，让牛好生歇一天；

每月逢戊不动土，十天一戊牢记住。

随着社会的发展和时代的变迁，仡佬族的禁忌习俗有的已完全消失，有的正悄然改变，有的与相邻民族尤其是汉族日渐趋同，形成你中有我、我中有你的文化氛围。

二、月月过节，节节祭祀

仡佬族几乎月月有节，且节节祭祀，逢年过节的祭祀活动都是敬天敬地，祭神祭祖，拜树拜竹，供牛供鸟。祭献的方式多种多样，一般是将米粑盛放在堂屋的神龛上，有的支系则在户主卧室门头，用竹案临时陈设饭、酒、肉、粑粑等祭品，竹案四周插挂“豆鼓叶”，亦称“扁竹根叶”，象征祖先“开荒辟草”的艰辛和荣耀。较为特别的是云南省砚山县的阿基乡码法克村，他们用十块刀头（方块肉）当“桥墩”，再用九块草鞋形糯米糍粑做“桥板”搭成长桥祭祖。传说当年从贵州迁往云南，走到南盘江上游的八达河时，前有大江阻拦，后有敌兵追赶，族长一时情急，高呼“天仙老祖”，顿时江水断流，一座小桥从天而降，突现眼前，族人扶老携幼，顺利过江，江水即刻复流，堵住追兵。从此以后，他们祖祖辈辈就在这里安居乐业，繁衍后代，幸福生活。这个古老的仪式其实是仡佬族迁徙繁衍的符号化记忆。

因地域、支系不同，仡佬族的节俗差异较大，如贵州省安龙县的仡佬族打粑祭祖时，打粑人要头戴斗笠、身披蓑衣，边打还要边佯装从门缝往外瞧，时刻“提防”外人闯入，这是因为当年祖先曾经遭遇过不幸：好不容易攒点粮食留待过节，打粑声却引来强盗，所有财物被劫掳一空，欢快的节日变得提心吊胆、饥肠辘辘。直到今天，当地人仍谨守规矩，谁家打“过年粑”时，外人都不能贸然前往，以免

“惊扰”主人，不过打粑时的小心谨慎、佯装观察显然已是嬉闹、游戏之举。“大户小户，打粑祭祖。”此起彼伏的打粑声，飘荡在节日的仡佬村寨，张扬着仡佬人幸福祥和的美满生活。

敬雀节上虔诚祭祀的仡佬人 （彭年摄）

春节：家家户户打粑粑，敬神祭祖迎新年

仡佬族最盛大最隆重的节日是春节，和汉族一样也叫过年，特别之处在于“家家户户，打粑祭祖”。仡佬人逢年过节必须打粑祭献，用一升甚至几升糯米打成一个大粑，放在簸箕或方木盘内供奉祖先，三天后方可食用。所做米粑一般是糯米糍粑，有的是糯米与籼米的两合米粑，或是高粱粑、包谷粑、荞粑、米酥糕等，视家庭经济条件而定。祭祖敬神主要是迎请已故先辈亡灵回家团聚，同时祈祷他们护佑新年诸事顺遂、家人平安、六畜兴旺、五谷丰登。

从旧年除夕到新年正月十五，都是仡佬族热闹喜庆的年节日子，走亲访友，舞龙耍狮，划旱船、跳花灯，大人演地戏、傩戏、板凳戏，孩子踢毽子、玩陀螺、“磨磨秋”（类似跷跷板但可旋转），青年男女演

“高台戏”，打“篾鸡蛋”，情歌对唱，互表衷情……一直闹到元宵“过大年”，节日活动在最高潮处戛然而止。有的地区要过“了年”即终结过年，在正月初二、初三、初五或初八举行送祖祭礼，家中青壮年男子晚饭后到各处祖坟“亮灯”，在坟上烧香点烛，燃放鞭炮，一则告慰死者亡灵，家族人丁兴旺，香火久传；二则祈求祖宗神灵，保佑阖家平安健康，代有传人。“三十的火，十五的灯”成为仡家祭祀先祖、祈祷丰年的特别一景。

仡佬族传统体育项目打篾鸡蛋　（陈庆军摄）

有的地区还盛行一种近乎儿戏、带有原始巫术意味的传统习俗：“了年”饭后，男性成人带小孩去“喂树”，也叫“祭树”或“拜树”，即一人拿柴刀轻轻砍开一块树皮问：“结不结果?”一人随后填进一点酒肉饭食，回答说：“要结果！要结果!”再问：“落不落果?”回答说：“不落果，不落果，要用人来挑，要用马来驮!”最后用红纸把刀口封

好，给树除草培土。“喂饭”时，针对不同的树，要对答不同的词，如对果树要说：“喂你饭，结串串；喂你肉，结坨坨。”人类童年时代沿袭而来的天真烂漫、企盼丰收的淳朴愿望，在这一砍一填、一问一答中淋漓尽致，彰显无遗。

三月三：杀猪宰羊祭山神，“神石”“神树”“干儿子”

三月三是仡佬族非常看重的祭山节，祭祀山神，实际上包括对天、地和祖先神灵的祭祀。除打粑祭祖外，各家各户往往还要自备一只大公鸡，到约定的献山树下宰杀以祭献山神。更多的地方还要合寨集资杀猪宰羊，祭献后集中在献山树下会餐。主持祭祀活动的是祭师或德高望重的族长，仪式庄严、隆重而神秘，不让外族或外寨人参加，个别地方甚至限制妇女参加。仡佬人认为，“坐山吃山，吃山靠山”，山神与祖先神灵共同主宰着人们的生老病死、吉凶祸福，必须虔诚供奉，不得有任何懈怠和丝毫亵渎，因此对满山奇石古树充满敬畏，在“神石”、“神树”上挂满红布条，并焚香膜拜，甚至把小孩拜寄给山或树作“干儿子”，山石、树木便成为所谓的“石保爷、树干爹”，保佑孩子健康成人。所以三月初三这天，任何人不得上山砍柴割草，否则就是对山神的不恭不敬。

三月三祭山的情形各不相同。贵州省镇宁县新房乡比弓村，以羊为主要祭献物，节前寨老先派人去市场买一只羊备用，三月三日清晨，全寨男子一齐出动去撵山（围猎），如能猎获野羊，即用野羊祭献，否则用买回的家羊代替。贵州省织金干河一带的仡佬族，祭山特别神秘——巫师在祭祀、祈祷仪式后，十分谨慎地从献山树下的祭坛旁，将去年窖在土里盖有石板的一个陶罐取出并仔细观察，从罐中水的盈缩、清浊、石板与罐口的干湿程度等判断当年各季的气候天象，以告知族人因地制宜，合理安排耕种劳作，然后从井中重装新水窖封，以备来年观测之用。而广西隆林和云南文山一带的仡佬族，祭山的同时还要“赶街”：当家人到集市上采买备耕所需之物，青年男女则借此开展对歌寻偶等社交活动，若有中意的对象，便可订下终身大事，待到秋收，爱情也就顺理成章、瓜熟蒂落。

三月三其实是开荒辟草的仡佬族古老历史的鲜活例证，可追溯到遥远的渔猎时代。仡佬族过三月三，既是原始先民对天地、鬼神和祖先的祭祀与祈祷，也是对全面春耕的动员与誓师，还是在万物萌生爱意的春天，给青年男女一个谈情说爱的机会，使生命的种子绵绵不绝，一代一代延续下去。

吃虫节：虫虫草草皆入菜，吃尽害虫保丰收

每年农历六月初二，是仡佬族传统的吃虫节。这一天，仡佬人的饭桌上绝对有几碟别具风味、却也让许多人不敢下筷的“小菜”——油炸蝗虫、甜炒蝶蛹、腌酸蚂蚱、烧炒“蚜米泥鳅”等，原来他们是在过吃虫节。不管外人如何地目瞪口呆、望而生畏，仡家人却团团围坐，大快朵颐，吃得兴致勃勃、津津有味。吃虫节的背后是一个动人的故事。

传说古时候，仡佬山虫灾连年，五谷歉收，面对铺天盖地的害虫，人们摇头叹气，无可奈何。眼看一年的收成又要泡汤，人们焦急万分。寨老们商议后悬下重赏：除掉虫害者赏三头肥猪。六月初二这天，一个叫甲娘的农妇带着孩子回娘家，因为穷，没有送给家人的礼物，一路都在伤心难过，走到自家田垌时，看到满地害虫兴风作浪，难以迈步，就势坐下休息，几个孩子一哄而散，高高兴兴地跑到田里捉虫玩。甲娘灵机一动，喜上眉梢，何不就拿虫子做礼物？炸炸炒炒，又香又脆，清爽可口，营养丰富。这一下不得了，一传十，十传百，人们合家而出，争先恐后捉虫吃虫，害虫迅速减少，终于赢得了一年大丰收。甲娘又把寨老赏的大肥猪杀了分给各家各户，全村过节般喜气洋洋。从此以后，每年六月初二，仡佬族各村各寨都要杀猪过吃虫节。这一

天，所有出嫁的姑娘都要回娘家，一路走一路高高兴兴地捉虫。甲娘死后，人们在田垌中修了一座庙纪念她，这座庙就叫“吃虫庙”。时至今日，仡佬人“吃虫”饭后仍要聚到吃虫庙唱歌跳舞，并排成长队到田垌游行，边走边捉虫边插撒有鸡血的小白旗，警告害虫不要再来为非作歹。

这个古老的节俗其实很有意义。一方面，在物资匮乏、缺衣少食的时代，这些高蛋白的纯天然绿色食品，是贫寒之家上乘的美味佳肴，尤其在灾荒之年，更是不可多得的补品珍品，可以帮助人们逃荒度难；另一方面，贫穷和饥饿也迫使人们勇于尝试，遍尝虫草，广开粮源，广寻食路。同时，面对害虫的肆虐泛滥，可增强全族齐心协力、共灭虫害的决心和信心。

吃新节：辛苦劳动快活吃，又是一个丰收年

“开荒辟草我先来，五谷杂粮我先栽，地盘业主庆吃新，感恩土地祈未来。”“开荒辟草我先来，五谷杂粮我先栽，地盘业主庆吃新，祭天祭地祭先贤。”“地盘业主我先在，开荒辟草我先来。五谷杂粮我先种，万亩良田我先开。”这是广泛流传于仡佬族民间歌谣的不同版本，在传唱本民族古老历史的同时，仡佬族迎来了吃新节，又称“采新节”、“打新节”、“尝新节”，这是一个和过年一样重要、一样隆重的节日。

仲秋时节，新粮初熟，仡佬族特别讲究“采新”、“吃新”，既是纪念祖先开荒辟草的丰功伟绩，也是预祝五谷丰登的早日到来。由于居处分散，支系纷繁，仡佬族过吃新节的时间、方式，大同中有小异。如贵州省安顺、平坝、普定等县，多采用农历七月的头一个辰（龙）日或戌（狗）日举行；而镇宁、关岭、六枝、水城等地，则有“七吃龙、八吃蛇”的说法，即七月间在辰日，八月间在巳（蛇）日；广西隆林县的磨基则规定在八月十五日。

吃新节这天，各家主妇早早就带着媳妇女儿到田间地头采摘新粮瓜豆，无论摘到谁家，包括外姓外族，主人都不会生气，反而引以为傲，因为仡佬族是大家公认的“地盘业主”，有资格最早“尝新”。

吃新节的祭献方式因时因地而异。过去一般要举行合寨祭祀，除杀鸡宰猪外，有的还要杀牛祭天，杀马祭地。现在则简化为分户祭献，以新粮、瓜豆为主要祭品，加上杀鸡、买肉、沽酒（或自酿）；若要合寨祭献，则集中到各寨献山树下进行。吃新节与“三月三”祭山不同，不仅允许接待外来宾客，甚至在村口排队相迎，请来宾先喝“寨门酒”——派人在村寨路口，用牛角酒杯斟酒迎候客人，来者必先饮酒方能进寨，同时唱敬酒歌，客人要唱答谢歌，这是一种非常隆重的迎宾仪式，体现了仡佬族爽朗大方、热情好客的民族性格。

贵州省清镇仡佬族喜迎吃新节

（申时进摄）

广西隆林的仡佬族，在家祭献祖先后，还要将酒、肉及新粮米饭，拿到田头去祭献掌管庄稼的神灵。贵州省北部各县的仡佬族，女婿要特意送新粮请岳父母品尝，借此夸耀自己的耕种水平。

吃新节既是仡佬族庆祝丰收、共享劳动果实的“吃新”日，也是祭拜先人、感谢祖先恩德的祭祀日，还是祈求来年风调雨顺、五谷丰

登的祈祷日。有“中国仡佬第一乡”美誉的遵义县平正仡佬族乡，《平正仡佬族吃新祭祖习俗》于2007年6月被贵州省人民政府列入省级非物质文化遗产保护名录。

牛王节：吃饭不忘牛辛苦，金秋果实敬牛王

牛是农耕社会极为重要的劳动力，生活在“岩旮旯”、“石旮旯”中的仡佬族，无论水田旱地，都依山顺势而成，绝少平畴，缺乏机械化大规模生产的条件，所以，田间劳作离开牛简直寸步难行。懂得感恩的仡佬族，每到秋收、秋耕、秋种诸事完毕的十月初一，都要为牛“做寿”，给一年来劳苦功高的牛过一个体体面面、热热闹闹的“生日”，这就是仡佬族非过不可的牛王节，又叫“祭牛王”或“敬牛王菩萨”。

牛王节——挂在牛角上的糯粑粑

（邹愿松摄）

每到节日这天，仡佬人杀鸡备酒打米粑，敬奉牛王菩萨和自家祖先，祈愿神灵保佑耕牛体魄健壮、无病无灾，并约定俗成当天绝不役牛，让耕牛安安静静、舒舒服服地休息一天。当然，还要给牛洗洗涮涮，把它收拾得干干净净，打扮得漂漂亮亮；用最好的青草和饲料让它吃得饱饱的，再用上等糯米打两个粑粑分挂在两只牛角上，把牛牵到河畔水边，让牛“照镜子”，使它兴高采烈，“心情舒畅”，然后取下又香又糯的粑粑喂牛。有的人家还要放一挂鞭炮，给牛披红挂彩以示庆贺。“吃饭不忘牛辛苦”是仡乡广为流传的一句俗谚，惜牛、爱牛、“讨好”牛，既是耕作现实的需要，也是这个民族世代承袭、永志不忘的知恩图报传统。

敬雀节：糍粑贴着雀嘴巴，就此不再害庄稼

流传于贵州省石阡县仡佬族的敬雀节是一个集人、自然、社会为一体的传统节日，具有深刻的文化象征与社会象征意义。敬雀节在每年古历二月初一进行，是仡佬族祭祀天、地和鸟，表达人与自然和谐相处及家业兴旺发达、五谷丰登的一种祭祀活动。过节这天，家家户户不能上山干活，出嫁的女儿须回娘家，同时杀三牲、打糍粑，自制各种美食，在敬奉鸟神后才能自食，同时焚香烧纸，若为望族则要在祠堂设置祭坛，将祭祀中心从家庭外延到家族、宗族。

关于敬雀节，《石阡仡佬族》有详尽记载：“中午时分无数支长号和唢呐的欢叫声，已把山林吹得沸腾起来；穿着节日盛装的仡佬族青年男女唱起优美动听的山歌，村外的晒谷场上，高矗着葫芦鹰架，这是当地的图腾。六个老人身穿法服，在锣鼓声和牛角号声中，他们念念有词，内容主要是表达虔诚的心愿。祭祀结束后表演‘上刀梯’、‘下油锅’、‘踏火砖’等系列惊险节目。”

以实用为目的，祭祀鸟神是希望神灵呼唤鸟儿不害庄稼，从而确保一个好收成。正如仡佬族民谣中唱的，“二月初一开山花，林中雀儿叫喳喳，大雀为着育小雀，飞到地里害庄稼，地里无苗粮减产，无米下锅饿大家，仡家想出好办法，家家户户打糍粑，糍粑搭在树丫杈，雀儿飞来叼糍粑，糍粑贴着雀嘴巴，就此不再害庄稼，地里苗齐粮丰产，喜得仡家乐哈哈。”这既是一种简单的心理寄托，又是极具功利色彩的实用理想。

不同民族的不同地域形成不同的民族地域文化。仡佬族文化的形成不仅受所处自然地理环境的制约，而且还受不同时期、不同历史形

态下政治、经济等因素的影响。因长期不断的融合沉积，仡佬族文化既继承了原有的传统文化，又融合了周围诸多民族的文化特质。同样，在其文化的历史发展中，人文地理因素与自然地理因素相互作用、影响、联系，构成具有一定地域分布空间和独特民族文化、经济、社会的“人地复合”系统。因此，仡佬族大分散、小聚居、点状分布的特点，使各地仡佬族的民俗节日从形式到内容都有所变化，如务川吃新节在“九月九”，水城仡佬族受当地彝族影响过“火把节”，其他节庆如春节、清明、端午、中秋、重阳等，则与汉族大体相同。

敬雀节　（陈晓岚摄）

三、音乐舞蹈，别样风情

仡佬族常用的乐器有铜鼓、唢呐、二胡、箫、锣、笛、芦笙等，这些乐器常常就地取材，因地制宜，其中笛子、唢呐最为常见。传说在遥远的先民时代，仡佬人还以山洞为家，在打鱼狩猎的闲暇时刻，摘取树叶，砍伐竹筒，吹出各种响声以游戏自娱，天长日久渐渐玩出新花样，他们试探着在竹管上钻出一个个小孔，摸索着吹出高低错落、悦耳动听的不同声调，因发出“嘀嘀”之声，循声取义，名之为“笛”。他们还用草管为哨，树皮作套，套于草管上，吹出“唢呐唢呐”

之音，取名为“唢呐”。

仡佬族乐器中最为独特的是“呜哇”，也叫“泡木筒”，为簧震类气鸣乐器，将二尺长的泡木捅去木芯为筒，筒腰凿出两孔，上端插一竹哨做成。演奏时口含吹簧片竖吹，手指按孔，发出呜哇呜哇之声，音色圆润厚实。呜哇只能在秋收结束至正月十五期间吹奏，而且每年吃新节必吹，春耕起便收藏不用。

铜鼓则是仡佬族最具传统意义的乐器，《唐书》载，仡佬人“燕聚则击铜鼓，吹大角，歌舞为乐”。铜鼓在仡佬族历史上曾既是乐器又是礼器，后因社会动荡和历史变迁，铜鼓逐渐失传，仅有一些有关铜鼓的残俗和传说留存民间。如直到清末民初，安顺县湾子寨的老人在弥留之际，家人要先将其扶坐在铜鼓上“落气”，然后方行沐浴。平坝在老人咽气时，除扶其坐在铜鼓上，还要用两面铜鼓垫脚。

仡佬族乐器长支大唢呐　（申时进摄）

仡佬族的舞蹈种类较多，形式灵活，既可因陋就简，平易朴实，

也可华丽繁复，惊险刺激，特别是讲究技巧，注重突出高难度，比较典型的有板凳戏、牛筋舞、酒礼舞、踩堂舞、高台舞、高台舞狮等，最为人称道的则是傩戏。

牛筋舞：牛筋竹筷竹蒸笼，祈福求寿显神通

广西隆林县弄麻仡佬族在老人大病初愈后，要跳牛筋舞庆祝，祈望老人健康长寿。主跳者是老人的大女婿或大侄女婿，陪跳者是女性亲属。主跳者身背一个竹编蒸笼，内放一只空碗，手执一条30多厘米长的熟牛筋。陪跳者手拿一根竹筷，设法敲响笼中之碗，每敲响一次，主跳者就得喝酒一杯，若筷子被牛筋挡住落地，陪跳者也要被罚饮酒一杯。舞毕，将数斤鲜牛肉和牛筋敬献老人，祝福老人健康长寿，犹如牛筋一样坚韧有力。

载歌载舞的仡佬族　（吴东俊摄）

酒礼舞：仡佬婚礼多自在，劲歌醉舞人人爱

酒礼舞多在传统的仡佬族婚礼上跳，领舞者执手帕，率一众人等在屋前空地围成圆圈，沿逆时针方向边唱边跳。舞蹈的主要特点是顺手顺脚，屈膝向右顶腾，步伐为起伏的横垫步，有时干脆是直接地向前走跳，招式动作都很简单，易学易跳，即学即跳，一人领舞，众人配合，男女老幼，欢快活泼。喜庆热烈的酒礼舞，为仡佬族简单的婚礼平添了几多欢乐，也为单调的日子增加了许多光彩。

踩堂舞：堂前绕棺孝子哭，踩踏蛇虫报父母

踩堂舞又叫踩台舞，是仡佬族专为丧事而跳的舞蹈，流行于遵义、仁怀一带。每有老年人辞世，都要停尸堂屋，然后在遗体前跳踩堂舞，以此寄托对死者的哀悼和怀念。因系在灵堂前跳舞，灵堂通常又设在堂屋中，故名踩堂舞。

踩堂舞的舞蹈者均为男性。祭祀活动开始后，由道师四五人手执锣鼓等法器，引领若干孝子执灵牌、引魂幡、捧茶盆随后，盆中摆着刀头酒礼、香烛纸钱、十二生肖等用米面捏刻的头像或真身，站于堂屋内大门处，面对神龛下摆设的神坛灵位，向香案前舞进舞退，然后绕棺，敲打鼓乐锣钹，有吹芦笙、打钱杆、舞丝刀等，边舞边唱挽歌，众人手拉手在后面鱼贯而行。舞蹈时身体微曲，来回跳跃，舞步右脚落地稍重，成蹉步，反复舞臂踏脚，模拟驱赶禽兽、踩踏蛇虫等动作。舞蹈过程主要靠队形变化来完成，前者与后者移动换位，民间俗称“穿花”，队形变化有“四瓣花”、“柳穿鱼”、“梅花阵”等。另有几位女子或举火把，或提酒壶，或端茶盘，盘内放杯碗，随时为舞蹈者敬酒。

道师在前搓铙钹、敲锣鼓，一边绕棺舞蹈，躬身礼拜，一边高声吟唱，唱词多为赞美父母养育子女受尽苦难而儿孙深恩难报的愧疚。

关于踩堂舞的起源，有一个悲情的传说：仡佬先祖只身在深山老林打猎，不幸坠崖身亡，儿孙找到时已是数日之后，已无法搬动腐烂的尸体，只能就地守护。他们挥臂跺脚，呼号呐喊，撵跑鸟雀，吓退野兽，防止虫蛇鼠蚁的侵犯噬咬，保护死者的尊严体面。后来逐渐演化成对辞世老人的一种祭奠舞蹈，充满原始、神秘、狂野的色彩，表现了仡佬族对灵魂神秘、生命轮回、世事无常的恐惧、敬畏和抗争。

踩堂舞体现了仡佬族原始的宗教崇拜和古老的人生信仰，是民族崇拜、民族心理、民族风俗的重要体现，构成了一道独特的民族民间文化风景，具有一定的艺术表现力，也具有一定的民俗研究价值。

高台舞狮：惊险奇美堪称绝，酬神娱人庄中谐

仡佬族的高台舞狮，集南北狮舞之所长，融杂技表演与酬神祈福于一体，是极受群众喜爱的娱乐活动，既杂以嬉戏玩耍，又有高难技巧，祈神娱人，亦庄亦谐，具有“惊、险、奇、绝、美”的艺术感染力，富于艺术性和观赏性，是仡佬族人民集体创作的艺术珍品，在中国舞狮文化中占有重要的一席之地。

仡佬族的高台舞狮兼具“文狮”的温和柔美与“武狮”的威猛刚健，主要有“狮子”、“大桌子”、“笑和尚”与“孙猴子”面具等道具。“狮子”采用当地出产的硬度高、韧性好的金竹扎成，狮身以十二层皮纸裱糊后蒙浅黄布，再缀以金黄线条，狮头施以彩绘。笑和尚、孙猴子的面具模子根据表演者面部特征用黄泥做成，然后也糊以十二层皮纸，以红、蓝、青为主色彩绘。道具制作由专人负责。大桌子即大方桌，柏木做成，坚实，当地家家都有，一般放在堂屋香龛下。

舞狮演出时，最少 8 人，多则 15 人。其中锣鼓唢呐 6 人，笑和尚、孙猴子各 1 人，舞狮 2 人，小狮子 1～2 人。每次演出前，掌坛师傅必为主要演员打阴、阳、圣三卦，只有三卦都“打转”才能上台表演。打卦完毕，师傅在师祖牌位前燃香烧纸、默念祷告后开始搭台，即用大方桌叠成高台，有两种搭法：将大方桌一张张叠成塔形，上下等大，叫“一炷香”；先在地面摆放三张桌子，二层两张，其上依次为一张，形似宝塔，故称“宝塔形”。大桌子最多可叠十二张，最上一张倒放，四脚朝天，整个高台高7～10米。每叠一张桌子，都要垫上草纸，垫最后一张时，师傅要在草纸上画符祈祷，是谓为演员“藏魂”，演完撤台，师傅收好纸垫后再“放魂”。

高台舞狮套路完整，程序固定：先是响器“打闹台”，然后孙猴子和笑和尚用各种动作逗引狮子逐层攀台至顶。上攀动作十分惊险，到最高处还要四脚踩桌腿表演，不带任何保险绳索。所表演的各种高难技巧，都有生动形象的叫法，如燕子翻身、猴子捞月、雏鹰展翅等。

高台舞狮独具民族特色和地方风韵，是仡佬族传统文化的重要表现形式，涉及哲学、宗教、民俗、声乐、舞蹈等各方面，寓含着仡佬族的精神、信仰、价值取向，具有人类学、民族学、民俗学研究素材的特殊价值。

仡佬族剪纸作品中的高台舞狮

（余林提供）

板凳戏：四条板凳四方坐，不用戏台无“脸壳”

板凳戏别名辅陈戏，是一种不用戏台、不化装，也不戴“脸壳”，只需众人围桌而坐，便能开唱演出的民间娱乐形式，演唱者由“吹官先生”，也就是唢呐队成员兼任。分角色演唱，配以帮腔，但无动作表演。演唱时也不加入伴奏，唱一折（段）吹打一折，有时一句结束也加入吹打。有文戏武戏之分，但武戏也是“文唱”。这是仡佬族最为简易、不需要舞台道具等设施的娱乐方式。

高台戏：人生如戏高台唱，演绎世间悲喜情

顾名思义，高台戏就是在高台上演出的戏，以搭简易高台演出而得名。演员身着戏装，化装上台，华丽讲究的用丝竹打击乐器伴奏。内容有文戏和武戏，又分正戏与小戏（小调）。正戏剧目较多，包括朝代戏、花戏、扫台、打加官等，主要剧目有《秦香莲》、《双连帕》等。还可分为丧戏、寿戏、贺戏三大类。

高台戏的戏台一般搭在主家房屋的东面或南面，木板搭就，台子无规定尺寸，随场地而定，有背景布，无幕布。演出服装有红、蓝、黑三种颜色，以长袍为主。器乐人员一律为短袖红衣，头扎白色毛巾。演奏时以唢呐锣鼓为主，故又称“吹打戏”。唱腔为平腔，即平声开唱，声音平缓，所唱故事，通俗易懂。

高台戏剧目繁多，内容十分丰富，具有较高的艺术价值和浓郁的地方特色，是研究我国戏剧艺术发展演变不可多得的实物资料。

傩戏：驱魔赶鬼唱大戏，辟邪冲傩保平安

傩戏，也叫傩舞、傩堂戏、端公戏，由原始巫术活动演变而来，是源自于远古时期的歌舞，是在祭祀仪式基础上吸取民间戏曲而形成的一种戏曲形式，被誉为“戏剧活化石”，曾广泛流行于安徽、江西、湖北、湖南、四川、贵州、陕西、河北等省。

仡佬族的傩戏，与盛行于各地的傩戏大同小异，同中有异。首先是演出形式较为特别，表演者多戴面具，分“脸子戏”（戴木雕脸壳）和“粉子戏”（戏剧化装）或者兼有。面具又叫“脸子”或“脸壳子”，多为木质，饰以彩绘，现亦有丝质。早期傩戏主要靠面具来区分角色，不同角色有不同的面具造型，能形象直观地突出角色的性格特征，类似于京剧脸谱的作用。傩戏面具的来源，最早可追溯到远古先民的纹面，是纹面艺术的再度夸张，既增加了自我狞戾与异状变形的神秘感恐惧感，对疫鬼增强了震撼力威慑力，又有较强的视觉冲击力，给人强烈的审美感受，保证了演出的娱人功效。

其次，傩戏的演出形式与其他戏曲不同，往往与“冲傩”等宗教活动融为一体，一般分为开坛、开洞、闭坛三个阶段。开坛和闭坛是迎神送神的法事，开洞则是上演傩戏剧目，表演的节目为正戏。正戏是还“愿”仪式时演出的戏，有《开路将军》、《伏羲姊妹》、《龙三女》、《罗通扫北》、《赵氏孤儿》等，都是酬神的戏。

仡佬族傩戏一般在下列情形下演出：为老人祝寿；生病、不顺时冲傩；还愿冲傩；掌坛师傅传徒弟时跳傩，叫“过法”、“抛牌”；师傅死时弟子必须给师傅冲傩。还愿冲傩的“愿”分为两种：一种是主人家为求身体安康、行事顺利而对鬼神祖先许下的愿言；另一种是父辈或祖辈许下的“老愿”。做还老愿的傩戏时，必须要看好日子，逢吉日才能去；而做丧事、急愿、生日傩则可不看日子。每冲一次傩，都要设案奠酒，焚香烧纸，敬请师祖牌位。

仡佬族傩戏表演　（陈庆军摄）

傩戏演出不择场地，室之大小内外皆可。多为白天念经，夜晚唱戏。在傩戏演出中，往往还穿插着各种巫术表演，如踩刀梯、捞油锅、捧炽石、过火炕、踩火砖、吞火吐火等。傩戏演员多是巫师出身，剧目也多具宗教色彩，其表演因此具有浓烈的

宗教意味，如台步中的“走罡”，手势中的“按诀”，以及柳巾、师刀、师棍等特种道具的运用等。

仡佬族傩戏完整地保存了传统傩戏的整套仪式过程和大量的傩戏剧目，是研究西南地区民族民间戏剧和仡佬族先民历史文化的重要资料。作为集历史、民俗、民间宗教和原始戏剧为一身的综合体，傩戏蕴藏着丰富的文化元素，具有重要的研究价值。然而，傩戏主要流传于经济滞后、文化生活相对单调的农家村寨，随着社会的发展进步，娱乐活动不断丰富，尤其是影视与网络的全面冲击，喜欢观看傩戏演出者日益减少，愿意学习傩戏的青年更是凤毛麟角，傩戏的传承难以为继，这是我们面对古老的传统文化时，不得不正视的问题。

第二节　风俗习尚　别具一格

常言道，麻雀虽小，五脏俱全。仡佬族虽然人口不多，但其历史悠久、人民勤劳聪慧，长期的社会实践使他们创造了丰富多彩、独具特色的民族文化。

一、干栏民居，吊脚风情

“高山苗，水仲家，仡佬住在岩旮旯。”这是流传在云贵高原的古老民谚，意思是说，苗族往往住在高山之巅，布依族常常住在河溪水边，而仡佬族一般聚居在山石旮旯中，生存条件相对艰苦。

仡佬族虽在大区域内与汉、苗、彝、壮、布依、土家等各民族错居杂处，但小范围内则是聚族而居，为典型的大杂居小聚居，基本是本民族同住一寨。村寨大小不等，有的人口密集，多达几十乃至百余户，有的人烟稀少，仅七八户甚至单门独户。仡佬族村寨起初以氏族、部落组成，以血缘为纽带，明清以来，随着社会的动荡激变、民族的迁徙流动，村寨结构渐为地域关系取代，全寨同为一姓者很少，大部分以一姓为主，杂有其他姓氏。

仡佬族房屋村寨往往依山顺势而建，因地制宜，省地节料，干栏式、吊脚楼，既是环境逼迫的结果，也是民族智慧的体现。仡佬族住房构造形式及建筑材料，因经济条件、人口数量、地理环境不同而有所不同。其民居建制经历了一个不断发展变化的过程。古代仡佬族地区山高林密，天阴多雨，雾障多湿气大，豺狼虎豹恣意横行，毒蛇猛兽神出鬼没，故其先民居住以“干栏”为特色，即选择向阳采光、依山傍水的地方居住，房屋为两层，楼上住人，楼下养牲畜，一般为木质结构，顶盖树皮或瓦片。史书对此多有记载，《魏书·僚传》：“依树积木，以居其上，名曰‘干兰’。”《新唐书·南蛮传》：“人楼居，梯而上，名为‘干栏’。”《溪蛮丛笑》：“仡佬所居不着地，虽酋长之富、屋宇之多，亦皆去地数尺……杉叶覆屋。”《黔南苗蛮图说》：“所居屋去地数尺，架以巨木，上覆杉叶。”仡佬人以此隔离瘴气潮湿，避免野兽祸害。后虽将房屋建于地面，但多系楼房，人居楼上，楼下圈养牲畜，仍沿以“干栏”之名。黔北一带至今仍有不少干栏式建筑。

明清以来，仡佬族民居变化较大，建筑形式多种多样，一般而言，有木结构的“穿斗房”，石结构的石板房，还有茅草房、土筑房、篾编房、篱笆房等。通常财力富裕者住木柱穿架的“穿斗房”，也叫“高架房”，四壁、天楼、地楼全用厚木板装镶，顶盖瓦片或薄石板，雕梁画栋、细钻阶檐、高大宽敞、干燥舒适；穷人则简陋得多，往往土墙茅屋、树皮盖顶，甚至住岩洞，或在树上搭棚巢居，或住屋檐直接触地的“四脚棚”，或用树枝、苞谷杆等编成“千根柱头落脚”，俗称“千脚棚”的“塌塌房”。新中国成立后，仡佬族居住条件日益改善，木石结构住房广泛出现，如今，木结构住房居多，钢筋混凝土的多层楼房也逐步兴起。

仡佬族大多数住房为长三间五柱落脚结构，一般是三间，中间正方形为堂屋，两侧长方形为厢房。堂屋无天花板和楼板，也不住人，专供祖先牌位及举行婚丧、祭祖等重大事宜。左右两间为卧室，分别隔出半间设厨房与火塘，薪火终年不绝，既是家人一日三餐会聚之地，也作亲朋往来待客之用，每天劳作完毕，举家围炉闲坐，家长里短，谈古说今，和谐友善，其乐融融，透露出仡佬人信奉追求的“和合”理想。屋前平地俗称“院坝”，地铺石板，可晾衣物、晒粮食、放鸡鸭。院坝两侧为畜栏，略矮，忌与住房屋脊相接。院前屋后多为菜园，四周除遍栽桃李杏梨等果树，总有仡佬人最喜见的茂林修竹。

因地域分布广阔及受其他民族的影响，各地仡佬族民居差异很大，呈现出不同的建筑格局，既独具风情又与当地环境浑然一体。如黔中一带多为石板房，以石块砌壁，原木作楼枕，编竹为楼，存放杂物，方形薄石板作瓦，人居楼下，这种石屋与附近的布依族和汉族“屯堡人”大同小异，屯堡人的石碉楼易守难攻，具有良好的防御功能，对当地仡佬族民居影响很大。滇东南和桂西北仡佬族住房，一般多筑土墙，以木板搭制为楼。黔西北一带多为茅草房，草盖得厚实整齐，屋脊和屋檐相当讲究，特别是檐下收尾处精心编织造型各异的带状结，如同盖瓦屋面的“封檐板”，有极佳的视觉效果，被外界美誉为“贫女巧梳头”。黔北的仡佬人家，房前屋后竹木葱茏，屋面覆盖小青瓦，四周安装木板壁，若是篾条墙、篱笆墙，则粉刷白灰，清爽明快，赏心悦目。黔东北的仡佬族则酷爱修建干栏式“翘角楼”，竹木掩映下，深黛浅绿中，栋栋小楼风姿绰约，排排瓦屋娇俏迷人。正屋一侧，加建厢房，均为两层，多是吊脚，底屋关牲口、堆柴草、放农具，楼上环以“直棂栏杆”，檐下晾晒衣物，成为开放式仓库。飞檐翘角小巧玲珑，美观实用，既增加室内采光，又扩大室外空间。封檐板刷上白石灰分外醒目，逢年过节，门窗、立柱遍贴对联，气氛更为喜庆热烈。

秋收时节，家家户户檐下挂满金灿灿的包谷、红艳艳的辣椒，丰年美景令人顿生满足之感、快乐之意。

宁静古朴的务川仡佬民居　（邹进扬摄）

对于仡佬族别具特色的民居格局，文人骚客常常不由自主放歌赞美，他们挥毫泼墨，赋诗填词——

梦里修竹依农家，仡佬山乡景物华。
高敞瓦屋鳞栉比，低岚呈瑞舞飞霞。
房内楼居梯而上，角落火铺满星花。
别致水缸多彩艺，梨林深处更堪夸。

仡佬族诗人、仡佬学会会长田金海的这首诗，形象地写出了仡佬族极富创意的民居文化。

更令人叫绝的是那“挂在悬崖上的街”：“转过山冈，还远远的，看见峡谷那边一溜房子斜在崖畔，心有一种紧；大多木房子，屁股上

生一些桩，斜斜地坐在崖壁，成一溜吊脚楼；风吹草动的，那房那楼的仿佛也吱吱嘎嘎地响……”远望去，吊脚楼组成的街，整个就“挂”在悬崖上，要多险有多险，要多奇有多奇。著名仡佬族作家赵剑平的散文《挂在悬崖上的街》，描绘了仡佬山乡独一无二的小镇街景，充满浓郁的地域特色和民族风情，直叫人流连忘返，过目难忘。

地处贵州省北部务川仡佬族苗族自治县的龙潭村，恐怕称得上是最具典型意义的仡佬族民居。

其民居的主要特点突出表现在建筑布局及木石装修上。就整体布局看，村舍房屋错落有致，石板小径纵横全村，条石梯坎，碎石院墙，高高低低，古意盎然。院落人家没有统一朝向，彼此似无呼应，实则地势所限。这一带为喀斯特岩溶地貌，即当地人所谓“岩旮旯”，在此建房，只能“见缝插针”。但就一家一户而言却相当规整，一般一正两厢，中铺石院坝，外砌石垣墙，形成封闭式宽敞院落。下水道的处理特别科学，以阴沟、阳沟分排污水和雨水，居住理念极为超前。垣墙多以片毛石垒砌，间或以方整石砌筑，前者有平砌、斜砌及随意砌等工艺，斜砌中又可上下两层反向垒砌，形成条条“麦穗纹”，当地称“鱼骨头”。麦穗和鱼骨，皆为象征生活富足安康的吉祥物，因此备受仡佬人青睐。

垣墙必建“朝门”，通常由木质垂花门和石质八字墙组成。垂花门，穿斗式，悬山顶，上盖小青瓦。垂柱雕刻莲蒂、南瓜，寓清廉、多子；大门门簪，或刻南瓜，或刻福寿，寓多子多福；连楹雕刻水波纹，意在防火镇宅，与其他民族雕刻的桃符有异曲同工之妙。正房多为四榀（一个屋架叫一榀）三间，房子较高，“吞口”较深，出檐较远。明间门窗均为六扇，称“六合门”，即前后左右上下六个方位，意为“完整”、“圆满”、“六合一统”。次间门窗也是六扇，但窗户只雕四扇。不少人家于次间开侧门，上部饰以圆形挂落，俗称“月亮门”。

龙潭村民居，最引人注目的是门窗雕刻花样繁复，变化多端。木质门窗上，装饰造型各异的吉祥图案，诸如福禄寿禧、耕读渔樵、连年有余等。特别之处是许多图案采用组合手法，造成特殊的审美效果，具有极强的装饰性和趣味性，如单看似游鱼，组合为蝙蝠；单看是南瓜，组合成莲花；单看两只桃，组合为两尾鱼；单看是个喜字，组合为二龙抢宝，等等，趣味横生，妙不可言。

仡佬族建筑的代表——申佑祠 （冉从茂摄）

龙潭村建筑的代表是“申佑祠”，今尚存遗址。这里村民几乎全姓申，自称申佑后裔。明正统十四年（1449 年），北方瓦刺入侵，申佑随帝亲征，被困土木堡，因貌似皇帝而代其就死，后被朝廷敕封为“进阶文林郎”，准予建祠。申佑祠建于嘉靖十二年（1533 年），康熙、道光年间相继维修，坐西向东，有牌楼大门、两厢、正殿。正殿面阔三间，穿斗式封火山墙青瓦顶。大门两侧砖墙上，镶嵌天启、康熙、道光碑。大门砖石结构，四柱三门，明间门额楷书阳刻“大节光昭”，次间楷书阳刻“千秋气节”、“流芳百世”。

龙潭村仡佬族民居古韵悠长、工艺精湛、保存完整、沿用至今，拥有丰富多彩的民族要素和文化内涵，是“具有典型特征的古代民族建筑群”，被贵州省文物局向国家文物局推荐为第六批全国重点文物保护单位。

二、爱酸爱辣，酿酒打粑

“食色，性也。”仡佬族主要聚居的贵州，地处亚热带和大西南，深受东南季风和西南季风的影响，降水丰富，热量充足，雨热同期，气候温和，这样的自然条件，形成了仡佬族独有的饮食文化习俗。他们的肉食主要是猪肉、羊肉和鸡肉，牛、马用作役畜，不作食用，忌食狗肉，传说狗曾拯救过遭遇灭族之灾的仡佬人，是仡佬人的“救命恩人”，诸多民间故事都把狗作为图腾崇拜，所以不能吃狗肉。传统的仡佬人家，通常是过年杀一头肥猪，吃不完的腌制起来，挂在灶头上烟熏火烤，一年四季皆有美味的熏制腊肉。此外还有著名的“磴子肉”：猪肉煮至半熟，切成方块，用糖、醋、酱油制汁，加入生姜、桂枝、八角茴等，投入肉块慢火煨炖。“磴子肉”是道大菜，色泽金黄，肥而不腻，糯软爽口，风味独特，在民间酒宴中必不可少。豆腐是仅次于肉的美食，但做豆腐费时费工，平常很少吃，不过“豆腐笋”却是仡家人为立夏特制的“专用菜”，主料有豆腐、竹笋、干板菜、豌豆、蚕豆等。如今这道菜已成汉、苗、侗、土家等兄弟民族的节日菜，立夏时节，家家必吃，热辣的菜品与红火的气候遥相呼应，彼此渲染，营造时令的火热气氛。

当然，仡佬族最爱的是糯米食品，除去直接吃糯米饭，他们还以米面包谷、蕨根苕粉等原料，做成美味可口、食用方便的传统食品，并一律叫做“粑粑”，如清明粑、黄糕粑、糯米粑、海椒粑、泡粑、灰粑、蕨粑、荞粑、麦粑，连粽子也叫“粽粑”，基本用糯米或掺杂糯米制成。最常见的糯米粑即糍粑，是仡佬族最喜食用的食品，也是祭祖的主要祭品。炸烤煎煮，热食冷吃，因制法不同而口感不同，吃法不同而风味不同，常配以蜂蜜、红糖、白糖、芝麻、苏子等。把各色干糍粑切成各种花瓣，放在热砂中炒“泡”（酥松），再拼盘成各式花朵形状，便是惹人喜爱、好吃又好看的“百花脆皮”。此外还有“酥食”、“大粑粑”、“红帽子粑”等。

仡佬族食谱中的干菜系列、泡菜系列、腌菜系列、豆制品系列，原本是为了经济实用、糊口度日，无意中却成了今天人们趋之若鹜、争相品尝的风味美食。当地企业把握机遇，深度加工，创制风情独具的民族饮食品牌。

仡佬族食谱虽无派无系，却自成一体，酸甜苦辣，五味杂陈。他们喜酸爱辣，酿酒制茶，生生把一个“食”字“吃”到了极致，尤其是他们的酸、辣、酒、茶，那可既是美味更是“绝味”。

山多田少的仡佬地区，粮食作物主要是包谷，因此包谷饭是仡佬族一年四季的主食。但包谷饭“干”而“散”，缺乏黏性，不“滋润”，难于吞咽和消化，因而仡家人常以酸菜佐餐。他们喜欢酸辣食品，爱把新鲜蔬菜做成酸菜和腌菜再吃，如青菜、辣椒、大蒜、生姜混合腌制的酸辣菜，青菜、白菜、萝卜秧腌制的酸菜等，可单独凉拌做菜，也可用来做成大菜（扣肉底菜），还可切丝与干豆类或洋芋混煮，称“酸菜汤”，仡佬族家家户户常年不可或缺。他们说“三天不吃酸，走路打偏偏”、“三天不吃酸，人要打捞窜”（腿脚无力，东倒西歪），说的是酸菜提神醒脑、帮助消化的功能。酸菜好“送饭”（下饭）又好存放，既是储存蔬菜的古老方式，也可保证常年有菜吃。单单一味“酸”，就被仡佬人吃出了百转千回的无穷滋味：招待贵客的佐酒菜“皮酸”，务川饮食文化一绝的“麻糖醋”，还有盛行于黔南地区的“臭酸火锅”，很像风靡各地的臭豆腐乳，真让人胃口大开，爱不释“筷”。

对仡佬族来说，酸辣酸辣，酸酸辣辣，辣离不开酸，酸离不开辣。仡佬族爱酸也爱辣，每家每户都种有辣椒，餐餐顿顿都必不可少，为祛潮取暖，每餐都少不了一锅辣椒汤；甚至连熬一锅稀饭，炖一锅肉汤，也要放几只辣椒，叫煮“辣椒粥”，喝“辣椒汤”；还有将嫩辣椒煮得半熟晒干，入油炸焦直接用来下饭下酒，叫吃“阴辣椒”。仡佬族把辣椒吃成了绝唱，最奇特的就是“辣椒骨”。广西隆林的仡佬族，用猪骨、鸡肉和大量辣椒一起，混合舂碎碾成细末，加烧酒、食盐、花椒面等拌匀，入坛密封半月即成鲜、辣、爽口的辣椒骨，是佐餐的上佳调料，可单独作酱菜，也可做调料制成各种风味菜肴。他们最喜欢“辣骨拌包谷”：将包谷面入甑蒸熟，摊开晾冷，搓团成沙，洒水再蒸，反复两次，成为松软的熟包谷面，趁热用辣椒骨拌和食用，又香又辣，味道独佳，无出其右。

辣椒是仡佬族须臾难离的美食。民谚说：“湖南人不怕辣，四川人辣不怕，贵州人怕不辣。”可以说，辣椒是仡佬族的“运气”和“福气”。仡佬人于清朝初期开始种植辣椒，虽是引进品种，但勤劳智慧、富于想象、勇于创造的仡佬人，把辣椒种出了诗意，吃出了风情，变成了文化。

辣椒吃法多多，创意无穷：可炒可炸、可蒸可煮、可煎可熬、可烧可烤，千变万化，推陈出新。喜食辛辣的仡佬人，算是和辣椒投了缘、对了眼，年深日久，渐渐养成“无辣不成菜”的生活习惯，把辣椒的做法和吃法都发挥到了极致。大街小巷，华屋陋室，只要哪家在“制”辣椒，无论煎炸烧烤，空气里满满地弥漫着辣椒的香辣味儿。

百吃不厌的辣椒不仅是佐餐的上乘佳品，在温润潮湿、多阴多雨的云贵高原，还有驱寒解乏的药用价值。从坊间广泛流传的民谚“菜当三分粮，海椒当衣裳”，就可略见一斑。无独有偶，“云南十八怪，辣椒当被盖”，说的大概也不只是南国边地的奇风异俗，还应该是地理环境和气候条件使然。香香辣辣的一顿美餐，痛痛快快的一通透汗，饱了口福，慰了饥肚，解了寒气潮气，也添了几分暖意和惬意。看来，仡佬人喜食辣椒，还是因为阴冷潮湿的高原气候祛湿驱寒的实际需要。

辣椒是仡佬族的佐餐佳品　（吴东俊摄）

美美的贵州自古盛产美酒，是名不虚传的“醉美”酒乡，除去名闻天下的国酒茅台，还有数十种各式各样名扬中外、闻之欲醉的名优白酒。仡佬族很早就会酿酒，他们用糯米、苞谷、高粱、红薯，甚至野生的“青杠籽”烤酒，传说最早的“枸酱”，即茅台酒的前身，就是他们酿制出来的。仡佬族酒俗繁多，酒礼复杂，终其一生，每个人的喜怒哀乐、生老病死都离不开酒。出生有“月米酒”，生日有“生期酒”，结婚喝“花红酒”，盖房请“上梁酒”，乔迁新居办“搬家酒”，老人去世吃“丧葬酒”，逢年过节吃“祭祀酒”。总之，每个节日忌日都有名目各异、种类不同的“酒”。酒已经成为仡佬人的一种生命态度，一种生活方式，一种交际手段，一种应酬姿势，人们习惯把各种或简陋或奢华的筵席统称为“吃酒”，甚至走亲访友也不例外。而仡佬族酒俗酒礼最典型最别致的，当属名闻遐迩的“三幺台”，此乃后话。

爱酒又好客的仡佬人，凡喜庆节庆，都须以酒待客，自然也善于

酿酒。仡佬族民间的酿酒多以糯米、玉米、高粱、毛稗、小麦为原料，酿成白酒（俗称火酒）和甜酒。其中“咂酒”最富特色：将麦子、苞谷、高粱等蒸熟，拌以酒曲，装坛密封使之发酵，出酒后用柴灰拌黄泥密封缸口，同时把一弯一直两根空心细竹插入缸内。有的还将此酒存放在地下酒窖，数年后嫁女酒宴启用，所以又称“嫁女酒”，也常用作珍贵礼品馈赠亲友。喝咂酒时，将酒坛置于堂屋或大门外屋檐下，打开竹竿塞，插入几根通心细竹或泡木杆，宾客围坛扶竿轮流俯首咂饮。每吸一轮，加水一次，使酒汁保持满坛。因是用竹竿吸饮，所以又叫“竿儿酒”，也有的地方叫“爬坡酒”。

咂酒习俗流传久远，查慎行曾作《咂酒》诗：“蛮久钓藤名，乾糟满瓮城。茅柴轮更薄，同酪较差清。暗露悬壶滴，幽泉借竹行。殊方生计拙，一醉费经营。”同治元年（1862 年），太平天国翼王石达开率部经过桐梓，开怀畅饮后即席咏诗赞道：“万颗明珠一瓮首，君王到此亦低头。五岳抱着擎天柱，吸到黄河水倒流。”写出了仡佬族美酒的凛冽霸气。

比起酒的“烈”和“俗”，茶似乎就要来得“淡”和“雅”，即便与汉民族源远流长、丰富多彩的茶文化相比，仡佬族的茶也堪称一绝：

> 茶鲜鲜，茶鲜鲜，仡佬油茶几百年。
> 男人喝了更强壮，女人喝了更漂亮。

这是仡佬族人人会唱的“敬茶歌”。热情好客的仡佬人，不管贫穷富贵，尊卑贵贱，只要客人造访，无论远乡近邻、生人熟客，都要端出特制的“油茶”殷勤礼让，盛情款待。主妇们炒茶制茶的手艺堪称一奇：先用猪油爆炒青茶，拌以蛋、肉熬煮，再加芝麻、黄豆、花生末，最后放入食盐、花椒等调料即可。食用时佐以各色果蔬点心，如

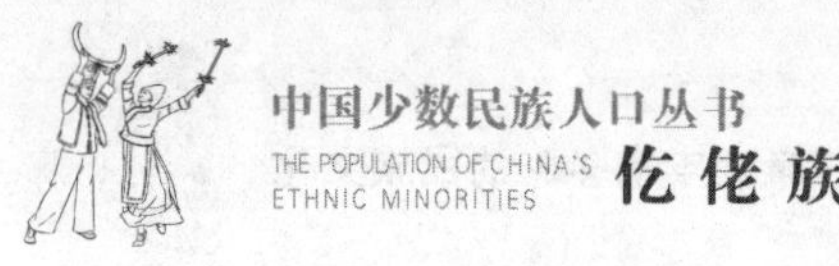

苞谷花、米花、酥食、麻饼、花生、糯米粑等，提神驱寒还助消化，香甜可口，滋润养人，余韵悠长，唇齿留香。黔北道真的仡佬人干脆把油茶叫“干劲汤”，顾名思义，就是喝了油茶神清气爽，精神倍增，干起活来不知疲倦，劲头十足。

除油茶外，务川出产的“都濡高株茶”也久负盛名，当年曾与丹砂、水银等同为贡品。明嘉靖《思南府志・土产》载：“丹砂、水银、银朱、茶出婺川县。”清道光《思南府续志・风俗》记：“家常惟资婺川之高树茶与楚省安化粗叶，以祛渴焉。”“都濡高株茶”又名“乌龙大叶茶”、“务川高树茶”、“月兔茶”，陆羽《茶经》赞曰：“往往得之，其味极佳。”北宋黄庭坚曾被贬涪州，其《从圣使君书》载：“今奉黔州都濡月兔两饼，都濡茶在刘氏时贡泡，味殊厚。”并作《阮郎归・茶词》：“黔中桃李可寻芳，摘茶人自忙。月圆犀胯斗圆方，研膏入焙香。青箬裹，绛纱囊，品高闻外江。酒阑传碗舞红裳，都濡春味长。”一碗五味杂陈的深宵苦酒，平添了诗人几多去国怀乡的孤枕惆怅，而一杯回味绵长的早春新茶，却慰藉了诗人几分流放蛮疆的百结愁肠。

仡佬人在茶园中吹起唢呐 （冉从茂摄）

“地满云连树，山空洞出砂。春枝飞越鸟，落日煮僧茶。”这是一首古诗，生动地描写了仡佬族百姓世外桃源般的诗意生活，其实也是仡佬族儿女对田园牧歌生活的真情寄托，是他们精神心灵的真实写照。仡佬族女子在清明前后、丽日晴空下赛歌采茶的身影，更是春深似海时节一道令人心醉的美丽风景。

三、迎来送往，三席幺台

仡佬族性格质朴、热情好客，每有客人到来，必请座敬茶装烟让酒，还请来长辈和邻居作陪，拿出最好的食物菜肴招待，话语不多而礼数周到，言辞木讷而心意诚挚。如果客人中有男性，即使没有任何佐酒之物，也会敬几口“寡酒”聊表心意，充分体现了他们质朴务实、古道热肠的民族性格。

仡佬族民风古朴淳厚：“行路中相遇熟人，相互都打招呼问候。如遇陌生人，乡民会主动招呼，问到哪里去，并主动热情地指路、带路，表示对客人的尊重。路上遇到老人、妇女或小孩，会主动让路、搀扶。问路先用礼貌语言打招呼，并根据年龄、性别称呼，请求问路。男女同行时，女的走前，男的行后。有客人来访，主人走在客人前面带路表示欢迎，进房门时，主人要先行一步拉开门，送客时主人要走在客人后面。占道摆龙门阵，有人来了不让路者，视为是没有家教的人。”这在他们的族谱族规中都有明确规定，如《韩氏家谱》传训：“崇节俭。凡居家，当安贫守分。房屋取其内外分明，勿求雕饰。衣服日用，取其整洁，勿求华美。饮食取其充口，勿求旨甘。凡交际馈送，不得因情尽文，以文过情。每见世之溺爱子弟者，多于襁褓中，衣以文绣，食以肥甘，任意所欲，养成骄奢之性，后来倾家业，皆由于此。”

正是这种礼让三先、长幼有序、节俭务实的乡风民俗，使仡佬人在迎来送往时形成礼数周全、铺排华丽、人情厚道的传统习俗“三幺台”。作为生活不可或缺的组成部分，仡佬族每有重大礼仪活动，都要举办隆重热闹的“三幺台”，每台之间伴以“吹打”（锣鼓唢呐队）的“闹席”，即每上和每撤一台席，“吹打”都要吹奏一番，以表酬谢。后逐渐演绎为春节期间招待尊贵客人的一项饮食活动，发展到近现代，凡有贵客来访，都要以“三幺台”招待，以示对客人的礼貌和尊重。

“幺台”是仡佬族民间的方言土语，意为“结束”，“三幺台”就是请贵客吃饭，一顿饭要吃三道才算完结。这“三台”分别是茶席、酒席、正席，各有一个寓意美好的称谓，即接风洗尘、八仙醉酒、四方团圆，一道吃罢，再上一道，一道俗称一台，故三道称为“三幺台”。

待人接物有礼有节的仡佬人，每有客人光临，定要打开堂屋大门迎接，男主人一边端凳搬桌，抹灰除尘，殷勤招呼，一边命孩子去请左邻右舍的邻居，依客人长幼辈分请来相应的男性作陪。女主人则准备茶水，安排食物，“席”要摆在全家最宽敞讲究的堂屋。待宾主到齐，八或十人一桌，背靠“香火”（香龛）、面对大门为上席，客左主右，晚辈在下，同辈则年长者坐上位，一般女人、小孩不上桌。桌凳安好，茶酒备齐，主人热情邀请，大家客套谦让，彬彬有礼，依次就座。

第一台茶席，顾名思义就是以喝茶为主，是谓“接风洗尘”。客人远道而来，喝茶解渴，闲坐去乏，同时配以各式果品糕点，常见的有瓜子、花生、核桃、板栗、柿饼、酥食、百花脆皮、红帽子粑、美人痣泡粑、天星米麻饼等，各家不一但须凑齐九盘之数。每人一碗茶，用大土碗盛，以解渴除乏为主，即谓大碗喝茶，大碗喝酒，所喝之茶多为土茶，以“大树茶”为上品。边饮茶边品小吃边随意闲谈，天文地理，山南海北，农事桑麻，俚语俗话，拉家常讲故事说笑话“摆”龙门阵，在轻松惬意中畅所欲言，宾主尽欢。茶毕，撤去一幺台，转入二幺台。

务川仡佬族“三幺台”习俗·茶席　（邹进扬摄）

第二台为酒席，名曰“八仙醉酒”。摆放好杯盘碗筷后，先要焚香化纸，拜祭祖先，表示不忘先祖造福后人的功德，并恭请八方神灵共享佳肴，然后主客重新就位入席。酒菜是卤菜和凉菜，如香肠、盐蛋、皮蛋、卤猪杂、瘦腊肉、泡萝卜、花生米、卤鸡卤鸭、浸“地牯牛”等，菜式不定但须九盘。酒多是自酿的苞谷小锅酒。按照仡佬族的饮酒习惯，凡端杯者定喝三杯，不饮者须以茶代酒。第一杯为“敬客酒”，由主人发话，向每一位客人敬酒，说一些欢迎到来、光临寒舍的敬辞和招待不周、食物简陋的谦词，先干为敬。第二杯为“祝福酒”，由客之尊者代表众人答谢主人的盛情款待，同时祝福在座诸位福寿康泰、身健体强，然后大家共同干杯。第三杯为“孝敬酒”，由座中晚辈向长辈敬酒，表达对他们德高望重、阅历丰富的仰慕敬佩，须等长辈喝完后再喝。三杯过后，酒歌助兴，这是仡佬人最天真率性的时候，酒酣耳热之际，酒歌酒话不绝于耳，欢声笑语依量畅饮，气氛热烈，把酒尽欢。二台结束，紧接着上第三台。

第三台饭席是“三幺台”正席，名为“四方团圆”。此时要上热菜，仍须九碗，俗称“九大碗”，装着以肉为主的“大菜”，即酥肉、扣肉、烧白、笋子、汤菜、肉圆子、灰豆腐、黄花菜、蹬子肉、油果豆腐等，其中“蹬子肉”绝不能少。每道菜的造型都很考究，非圆即方，寓团团圆圆、四季发财。吃菜时，晚辈不能随意举筷，每碗菜都须长辈吃后才能动，尤其是蹬子肉，一般一人一块，没有富余。长辈夹菜时会邀请大家一起下筷。饭毕平端或合举筷子，示意“各位慢用”，晚辈要等长辈吃完才能退席。直到酒足饭饱，主家才让客人离席。

喜悦丰收的仡佬人（民族画报资料）

“三幺台”隆重、朴实、热烈，体现着仡佬族性格的淳朴与实在，是名副其实的美食文化典范，也是仡佬族源远流长的饮食文化璀璨绚丽的一部分。

从历史上看，“三幺台”保留了古代某种祭祀活动的痕迹，是仡佬族历史文化的遗留和表现形式，也是仡佬族民俗、礼仪、饮食的具体体现，寓含着他们的精神、信仰、价值取向，也寄托着美好的祝福和

期盼，具有重要的民族学、民俗学、社会学等方面的研究价值，是中华民族饮食文化中独一无二的菜谱菜系。

四、穿青着红，蜡染刺绣

回溯历史，曾经的仡佬族，无论男女老幼，绝大部分青衫黑袍，默默穿行在生养他们的群山之中，躬耕劳作、采摘编织……深黑的服饰一如生命中的沉重叹息，又如日子里的悲伤哭泣。云贵高原上的诸多土著民族，如苗族、水族、彝族、白族、傣族、布依族等，常常衣着华美、色泽艳丽，首饰精良、环佩叮当，能歌善舞、能“文”能“舞”。他们用夸张的装扮、鲜艳的色彩、闪亮的银饰、激情的歌舞，将年头月尾、季末节梢渲染得五彩缤纷、灿烂夺目。

仡佬族却与众不同，曾经颠沛流离、灾难深重的民族历史，使他们深沉含蓄、沉默寡言，喜怒皆能不形之于色，平日里少见轻歌曼舞，即便是节日的祭祀庆典、民众狂欢，也少有劲歌热舞，更没有狂歌醉舞，他们用青衫黑袍、酽茶烈酒，就可以将单薄瘦弱、寡淡如水的日子打点得千滋百味、丰满妖娆。

他们的歌谣唱道：

盘古老王分天地，九天天主制人烟。
五濮始祖种五谷，恕和先贤制衣襟。

这是仡佬族的神话故事，也是仡佬族的发明创造，是仡佬族的历史书，也是仡佬族的教科书。关于“衣”，仡佬族有一部“专著”《染匠传言大吉》，是道真韩铨顺于光绪丙申年（1896 年）编写的一部染匠知识大全，是作者传训弟子的一本“教材”。这部有关印染棉、麻、丝绸和毛料等布匹的古籍，详述了印染不同材质的方法与步骤，以及每年三月三、九月九为行业始祖生日须大祭等，是作者根据师传及长期劳动的经验总结，也是仡佬族在印染文化上的独特贡献。

仡佬族的传统服饰很有特色，女子穿无领大襟长袖衣，衣上满饰层次丰富、题材各异的精美图案，手法为蜡染和彩绣，下着桶裙也饰以五彩绣染。男子穿青布对襟密襻上衣、束腰带、长裤、布鞋。男女皆以花帕包头。到19世纪中叶，女子上衣短仅及腰，袖背处绣鳞状花纹，外套圆领无袖、前短后长的"贯头衣"，头盘大发髻，下穿无褶长桶裙，裙身三段，中段羊毛织成，以染红者最佳，上下两段多用麻织，一般有青、白色条纹，外罩青色无袖长袍，前短后长，均有绣花，脚穿钩尖鞋。

"桶裙"在仡佬族服饰中最负盛名，具有"标志性"意义。旧时仡佬族男女皆穿裙，区别在于男裙短女裙长：一幅布横围腰间，无褶无叉，其状如桶，谓之"桶裙"；也有说裙腰无褶皱，穿时以裙自头贯通而下，故又名"通裙"。各地桶裙长短不一、颜色各异、质地有别，或土布做成，或羊毛织就，葛、麻、丝、棉，不一而足，但裙摆往往都镶有色彩艳丽、图案漂亮的各式花边。

"须裙"是"桶裙"的变形。广西隆林的仡佬族女子，秉承了祖辈的纺织天赋和爱美天性，每到节日都要穿出自织的别致"须裙"。据说这是为缅怀先祖，特意模仿古代用兽皮、树皮搭配成裙的形式，以多种颜色布料缝制而成。裙面用丝线绣满华丽图案，裙头缀以多条绣花飘带，带上飘穗，系上小铃铛，人行铃响，清脆悠扬……仡佬女子用华美的衣饰，展示着她们的心灵手巧，传达着她们的人生感悟，赞美着生活的热烈、生命的美好。

随着历史发展，近代仡佬族男女多以长帕包头，有的妇女或用花布盖顶，服饰渐渐趋同汉族。清末民初以后，仡佬族人口急剧减少，居住区域迅速缩小，大部分呈点状分布，族裔内部联系削弱以致消失，而长期和汉族及他族杂居共处，多种风俗习惯已和当地兄弟民族渗透融和，难分彼此，变得你中有我，我中有你，再加上汉文化的广泛影响，仡佬族服饰基本与当地汉族无异，只有节假日或重大庆典祭祀活动，才身着民族盛装。

身着传统服饰的仡佬族女性　（章静摄）

审视仡佬族的衣着服饰就会发现，他们的穿着打扮特别适应山地潮湿多变的气候环境，适合山民日常劳动和基本生活的需要，极具科学性和实用性：头包长帕足以御寒防潮，就地取材制作的草鞋“云勾鞋”经济实用又适宜攀爬陡峭的山路；对襟汗套既是汗衫又是外套，可开怀敞风也可裹紧保暖；宽裆直筒翻腰裤，腰部贴身摩擦少用便宜的白布，腿部用耐磨耐脏的黑布或蓝布，“上坡下坎，无崩裂之虞，肚饱肚饥，无松紧之虑，跳跃腾挪，舒卷自如。”可谓艺术地做到了一举数得。

精于纺织的仡佬族女子，服装面料均为自织自染的细布。很早以前，她们就既会织厚重结实的“僚布”，又能织柔软细密、质地上佳的细布，俗称“娘子布”。用这些布做成的衣裙朴素大方、结实耐用。清代在颇为盛行的纺织业影响下，她们更是掌握了较高的织布技术。织金、关岭一带的仡佬族妇女能织出斜纹布和精美的“铁笛布”——自纺自染的土布，经蓝靛煮染晒干后刷一层淡牛皮胶，硬衬放光，经久耐穿，《乾隆通志》称为“铁笛布”，即今天的“织锦”，精工巧织、美观牢固、洗不褪色。清《续黔书》对此评价甚高：“其纤美似蜀之黄润，其精致似吴之白越，其柔软似波戈之香茎，其缜密似金齿之缥叠。”图案多菱纹、波浪纹、条纹、方纹、三角纹或回纹，分羊羔锦、鱼儿锦、石榴锦、人物锦、蝴蝶锦、花鸟锦等。

无论麻布、毛布、丝绸，传统织法均用矮机：织者坐草墩或木凳上，用尺余长的四根木棍，上下贴排于腹前，其中两根裹线，另两根裹布。脚蹬二尺长棍一根紧绷各线，手持尺余长细木棍一根穿别致纬线，交织成布，宽约1.2尺。能织出各种纹饰。时至今日，黔北仡佬族的一些农户仍保留着古老的手工织布机，且男女均能操作。只是织出的布匹仅自用，已很少拿到市场销售。

“蜡染”为蜡画和染色的合称，是我国古代三大纺染（蜡染、扎染、夹染）技术之一。用熔化的蜂蜡绘图于布，浸染后用沸水将蜡融化，漂洗干净即现蜡画原图，这就是蜡染。蜡迹在染制过程中，因皱折破裂而千姿百态、千变万化，这些浓淡不一、浑然天成的“冰纹”，使布面呈现出最自然且独一无二的美丽花纹，这也是蜡染的最为独特之处。

仡佬族的蜡染技术得益于身边的兄弟民族，他们的传统图案多取材大自然或先民传说，如铜鼓纹、龙纹、云彩、水波，或飞禽走兽、花蝶鱼虫等，题材多样，不拘一格。对称多变的布局、夸张得体的构图，灵动自然的线条常常包含着深刻的意蕴，渗透着一个民族成熟的审美情趣，也传递着关于世界、人生的抽象哲理。这千般寓意、万种

风情的隐语式文化符号，承载了一个民族从图腾崇拜到理想追求的历史痕迹。“流光溢彩山水画，云蒸霞蔚朦胧诗。”诗人眼中如诗如画的美丽蜡染，一如仡佬族如火如荼的美满生活。

保存在务川申佑祠堂的仡佬族绣品　（冉从茂摄）

除了纺织蜡染，刺绣也是心灵手巧的仡佬族女子的拿手本领。

她们的刺绣精美，技巧纯熟，针法、设色、图案都有自己独特的风格，其中尤以“挑花”最具特色。绣法有架绣、游绣、梭绣、挑绣等。架绣是数纱绣，每横三根纱、竖三根纱的正方形对角上各绣一针，架成一个十字，用不同颜色的彩线架出很多大小规格一致的斜向小十字，组成各种图案。游绣是用套针绣法依底布画出的图样绣出轮廓，再用戗针填实内容。梭绣是用绣花针顺绣布经纬走向飞针，绣线时藏时露，先组成网状图案，再用不同颜色的绣线在网状空隙组成小图案，花中有花，色中杂色。挑绣针法，针距或长或短，有时只挑起半股纱线也是一针，可使图形更显细密完整。

仡佬族刺绣中的生活场景　（冉从茂摄）

仡佬族姑娘从小学刺绣，在围腰、腰带、鞋面、鞋垫、袜带及衣、裤的花边，以及帘、帷、枕头、裙子、荷包、手帕、褡裢、背扇等处，都要绣上各种图案作为点缀装饰，这些花样造型生动有趣，用色别致大胆，有朝夕相处的山水田园，有色泽艳丽的花草树木，特别是各种动物或可亲可爱、或憨态可掬、或夸张变形的活泼造型，强化了仡佬族文化中“和合”、“百合”的审美情趣。

第三章

成就斐然的文学艺术

仡佬族拥有自己的民族语言，但是并没有民族文字。仡佬族是一个充满想象力和创造力的民族。在漫长的历史长河中，他们以自己的辛勤劳动和经验智慧，创造了丰富的物质财富和灿烂的文化艺术。他们将大地的开辟、世界的起源、生命的诞生、人类的创造、时序的更替、日月的运行、山川的演变、风习的开启，用古老的神话、浪漫的传奇、动人的故事、传情的歌谣、精练的谚语、智巧的谜语，渲染得神奇瑰丽，诉说得酣畅淋漓。

都说想象是艺术的魔杖，可以点石成金，化腐朽为神奇，一个开荒辟草的古老民族，以超凡脱俗的想象，在自己古老的文学艺术里，向世界传递自己的人生观、价值观、道德观、审美观，民族的辉煌与苦难、历史与现实、过去与未来，就那么奇妙地融为一体，真伪莫辨，虚实难分，构成文学艺术独有的魔幻世界：现实生活被故事虚拟化，艺术虚构被想象真实化。文学，无论口头的还是书面的，民间的还是文人的，都以独有的魔力指向人们的心灵世界，丰富人们的精神生活，让每一个走进她的人，体验难能可贵的“第二种人生”。

第一节 民间文学 姹紫嫣红

秦汉以后，仡佬族渐渐与其他民族混居杂处，民间文化受到外来文化的影响较大，但仍保留着古老的民族特色，并在各民族长期发展、共同创造中，留下丰富的文化遗产。文学是仡佬族表达思想感情和审美情趣的重要形式，由于没有本民族的文字，传统的仡佬族文学主要是口头文学，流传至今的有神话、歌谣、故事、传说、寓言、谚语、俗语、谜语、格言、歇后语和民间小戏等，从不同角度反映民族历史，反映远古先民对自然现象的朴素认识以及“古老先人”开荒辟草、逃官避匪的苦难经历，流传面广、内容丰富，具有较高的史料价值和艺术价值。其中民间歌谣最为丰富和广泛，既是仡佬族口头文学的主要样式，又是他们娱乐生活的重要载体。

一、神话故事，竹王传说

仡佬族神话的篇幅都比较短小，内容相对集中和单一，主要反映天地日月、万事万物的起源生成及民族迁徙历程，表现了初民对世界的朴素认识。仡佬族神话认为，人类曾出现过不同性质的“三槽”：第一槽人用泥巴捏制，后被大风吹化；第二槽人用草编扎而成，结果被天火烧毁；第三槽人由天上星宿下凡变成，他们的后裔被洪水吞没，只剩下一对兄妹，奉天神之意婚配，才繁衍出今天世间的人类。这就是著名的“阿仰兄妹制人烟”，体现了仡佬族祖先关于人类进化、适者生存的生命体验。而《开天辟地》、《洪水朝天》等故事则与西南诸民族同类神话大同小异，是原始初民对宇宙洪荒和人类自身认识的世代传袭。《巨人由禄》说地上一切均为由禄死后所变，身体变成“坡头、大茅草、树木、消水坑、岩洞、刺蓬、丝茅草、山垭口、菌子、马屁

包（一种深灰色菌类植物）、蒿枝”等，不同部位变成具有明显高原山地地理和物产特征的不同自然之物，与汉族盘古化育万物的神话类同，这应该和早期民族的英雄崇拜直接相关。

仡佬族的古老神话，往往通过老年人“摆古”和祭典唱词而世代相传，如遵义一带流传的古歌《十二坛法事唱词》，民间叫《十二段经文》，就是一部仡佬族的创世史诗，唱词除祈祷内容外，通过奇特的幻想和夸张的比附，描绘巨人开天辟地的壮举及洪水朝天、兄妹结婚、降风射猎、砍树造屋等人与自然艰苦卓绝的斗争历程，折射出远古时期仡佬族人民的生活图景。“经文”包含着许多天地开辟的生动描述：

布什密制的地，样样都有呀！
肉也有，就是那些遍坡遍地的泥巴；
脑壳也有，就是那些高高低低的山头；
头发汗毛也有，就是那些漫山遍野的草木；
眼睛也有，就是那些大大小小的消水坑；
嘴巴也有，就是那些大大小小的山硐；
手脚也有，就是那些分枝发岔的山坡；
肚皮也有，就是那些又宽又大的龙潭；
肠子也有，就是那些弯弯曲曲的江河；
骨头也有，就是那些又硬又重的石头……

以人体的五官四肢、五脏六腑比喻自然界的山川河流、花草树木，本体喻体都是客观实在的生命体，形象直观而又生动传神，没有离奇怪诞的想象，没有无中生有的虚构，也没有不切实际的夸张，质朴粗犷，浑然天成，与人们生活密切相关的种种自然物象成为神话表现的表层内容，反映了原始初民的原始思维，带有农耕文化的明显印记。

古歌《叙根由》是仡佬族丰富多彩的民间文学中一部古朴雄浑的神话史诗，是目前已知的仡佬族口头文学遗产中规模最大、篇幅最长的古歌，追溯了仡佬先民认识自然、改造自然、自我觉醒、民族迁徙等历史，赞颂先人征服自然的斗争精神，崇拜力量、智慧与勇敢等优秀品格。《叙根由》作为仡佬族超度亡灵的祭祀歌，在独具民族特点的宗教活动中宣扬与保留了族人崇尚的社会风习，既真实地再现了仡佬先民的生活场景，又展现了他们和谐社会的初步构想。

务川仡佬族傩戏·傩公、傩母 （邹进扬摄）

仡佬族的民间传说，包括族源传说、人物传说、风物传说等，很多都与其族称、生活习俗、山川地名有关，如《缕金狗》、《金竹》、《赛竹三郎》等反映了仡佬先民曾以竹、犬为图腾；《彝仡佬的来历》讲述了仡佬族与汉族、彝族交往的故事，反映了与这些相邻民族在历史上的密切关系；《山满》的传说，描绘了清咸丰、同治年间，遵义九龙山区一位叱咤风云的民族起义领袖山满的英雄形象，歌颂了仡佬族

人民勤劳智慧、勇于斗争的反抗精神，揭露了统治阶级奸诈凶残、贪婪恶毒的虚伪本性，是仡佬族民间传说的代表性作品。

仡佬族流传的故事与他们的社会生活密切相连，主要有爱情故事、动物故事和惩恶扬善故事等。爱情故事大多反映青年男女对爱情的执著追求和忠贞不渝，赞美爱情的甜蜜美好，歌颂人物的善良纯洁，情节生动，爱憎分明，如《相思杉》、《王二和诺依苏》、《蛇与七妹》等；动物故事有《毛乎乎借窝》、《水牛和大猫》等，以物喻人，因小见大，借人们熟知的各类动物说家长里短，辨是非善恶，因贴切的象征意义而达到较高的艺术水准；惩恶扬善故事有《飞亚和弓生》、《渔夫的儿子》、《黄义林》、《栽树修桥惩恶人》等，主题极为鲜明，那就是除暴安良，匡扶正义，锄强扶弱，弘扬正气。

仡佬族传说中塑造了众多的英雄人物，他们多具非凡的本领，担负着全民族的理想愿望。有率领众人历经艰辛捉阿风怪的阿利（《阿利捉风》），有为凿岩修渠与财主作斗争而壮烈牺牲的石鹅大姐（《石鹅坪》），有舍己救人的神医韩婆（《韩婆岭》），有揭竿而起抵御外族强暴、浴血奋战被困成仙的田先玉（《田先玉》），还有誓死保卫家园的奇才晟打浦（《晟打浦的传说》）等。他们不畏强暴，惩恶扬善，为集体甘愿牺牲个人利益乃至生命的原始道德观，正是仡佬族得以发展壮大的核心要素。

在各类民间故事中，反映社会矛盾和斗争生活的作品也很多，如《李万财和李万春》、《滚豆儿》、《龙女和老哥》等，在歌颂赞美劳动人民聪明善良、勤劳勇敢的同时，揭露批判反动统治阶级的为富不仁、残暴贪婪，通过曲折的故事和感人的形象，讽刺挖苦，寓庄于谐，实现文学作品既有娱乐性又有教育性的审美功能。

二、童谣盘歌，爱恨真情

童谣也叫儿歌，大概是所有谣曲中最天真烂漫、最简单纯粹，也最无世俗功利的了。和其他许多民族一样，仡佬族童谣也都以寻常之物为表现对象，虽是童子稚语，看似无逻辑无意义，却合辙押韵、朗朗上口、活泼欢快、易学易唱，孩子们在歌唱嬉戏中启迪蒙昧，在潜移默化中认知世界，寓教于乐，一举两得，如：

亮（萤）火虫

亮火虫，高一高，背上背把尖刀。

亮火虫，矮一矮，背上背个崽崽。

过年

红萝卜，咪咪甜，看到看到要过年。

过年真好耍，又吃汤粑（汤圆）又吃嘎（肉）。

的确，“又吃汤粑又吃嘎”，当然“真好耍”，还有比这更天真可爱的真情直白吗？童心无邪，童言无忌，烂漫天性，率真之情，在这奶声奶气的歌声中尽显无遗。和童谣类似，仡佬族的谜语也一样的单纯明了，富于生活情趣，如：

一根藤藤，结些人人。绳绳一断，娃儿摔得惊叫唤。（鞭炮）

一根树儿矮又矮，周身结些红转转。（辣椒）

金菠萝，银顶盖，高高挂起惹人爱。（柿子）

一年十二月，霜打不落叶。开花人不见，结果人吃得。（野地瓜）

大姐生得美，二姐一包水，三姐爆牙齿，四姐是歪嘴。（苹果、葡萄、石榴、桃子）

兄弟七八个，围着柱子坐。说起要分家，裤子都扯破。

（大蒜）

一把刀，水上漂，有眼睛，有眉毛。（鱼）

刀砍不见血，枪打不见洞。婆婆无牙齿，偏偏吃得动。（水）

人生启蒙，当始于这绝不高深却富含哲理的小小谜语。

民间歌谣历来是老百姓最习以为常、也最喜闻乐见的娱乐形式之一，不仅参与者众，娱乐性强，普及率高，而且内容丰富，表达自由，感情热烈，语言大胆，没有阳春白雪的晦涩深奥，却有下里巴人的率性活泼，仡佬族歌谣就是如此：

你有山歌唱山歌，我无山歌打呵嗬。
呵嗬呵嗬又呵嗬，三个呵嗬当首歌。

无须长文短曲、繁言复语，仅七言四句二十八音节，甚至只“打”几个“呵嗬”，就在嬉笑之间，意味情态尽显，这是生活，更是艺术。生长于黔北大地的著名诗人李发模，从小就对仡佬族习俗如数家珍，对山歌民歌耳熟能详，他以此为题，呕心沥血，埋头创作，写就长诗《呵嗬》，生动地叙写了一个民族鲜活的文化记忆，堪称一部卓绝的仡佬族民族史诗。

相对而言，仡佬族并不是一个特别能歌善舞、热情如火的民族，但在用歌谣诉说自己的喜怒哀乐、描绘生活的悲欢离合方面，一点儿也不逊色于其他民族。无论婚丧嫁娶、田间地头，还是礼仪交往、祭祀祈福，他们都能用高亢嘹亮、低回婉转的歌声，表达对生命的赞美，对生活的热爱，对理想的追求，对幸福的向往。因此，仡佬族民间文学中，歌谣最为丰富也最为流行，成套定型的就有打闹歌、劳动号子歌、山歌、情歌、苦歌、哭嫁歌等，篇幅不等，长短不一，有的长达千言，有的仅有数字，富哲理于词，显情趣于歌，形式灵活，有浓厚的生活气息，是我国民间文学芬芳四溢的一朵奇葩。

情歌是仡佬族青年男女谈情说爱、谈婚论嫁的媒介和桥梁，不仅数量多质量高，艺术性也很强：

（一）

太阳出来照白岩，白岩上面鲜花开，
哥想摘朵鲜花戴，花高岩陡摘不来。

（二）

郎在高山砍柴烧，妹在后园打葡萄。
假装锥个檬子刺，挨挨擦擦要妹挑。

（三）

隔河看见映山红，奴妹跟哥不怕穷。
九冬十月霜雪打，刺梨花比牡丹红。

以比兴手法表情达意，内心情感质朴纯真，尤其是极富表现力的细节动作“挨挨擦擦”，将初恋男子的紧张羞怯、装傻卖呆和被人一眼识破的心机诡计，刻画得惟妙惟肖、入木三分，充满生活情趣和艺术美感。白岩、砍柴、打葡萄、檬子刺、映山红、刺梨花等具体意象，都是劳动中的平常物象，既是眼中景，更是心中情，串联起情感世界和劳动过程，成为情感的起兴和象征之物，指东打西，借物说事，语意双关，具有言在此而意在彼的艺术效果。

作为一个热爱劳动、热爱生活、热爱艺术的民族，仡佬族能劳动能吃苦，也会娱乐会享受。在长期的生产实践中，他们苦中作乐，自娱自乐，用歌声、鼓声、号子声，把繁重单调、枯燥乏味的劳作变得

欢快愉悦、轻松活泼。从生活升华为艺术，仡佬族的劳动歌当属此类。可细分为若干类：有叙述农事活动、总结生产经验的砍荒歌、采茶歌、织布歌，有协调劳动、鼓舞干劲的号子歌、打闹歌，有传授知识、开启智慧的盘歌等，内容丰富、唱法多变、浑厚粗犷、质朴优美。至今流传在遵义、仁怀、道真、正安等地的打闹歌，通常在薅草时进行，少则一二十人，多则上百人，一般是主人请来两名职业歌手，一人击小鼓、一人打大锣，以锣鼓声为劳动号令，鼓起则进，鼓停则止，鼓骤则疾，鼓缓则徐，节奏鲜明，动感十足。可独唱、齐唱、轮唱、对唱等，每唱完一段，用锣鼓过门，有的还在唱段之间加上朗诵式说白，说唱相间，唱腔高昂激越，悠扬悦耳，道白即情即景，信手拈来，夸张搞笑，逗趣幽默，一张一弛，别具意味。更重要的，是这些歌谣的舞台宽广无边，背景变幻不定，就在山坡上、田土中、水塘边、谷场里，演唱者和欣赏者都是地地道道的劳动者，他们同劳动同歌唱，同欢笑同娱乐，把人的干劲鼓动得豪情冲天，把枯燥辛劳的场面打点得激情似火，大大舒缓了劳动强度，提高了工作效率。看来，歌谣魅力无穷，魔力无限，是仡佬族人人参与、不可或缺的娱乐工具，也是凝聚人心、鼓舞干劲的秘密武器。

栽秧歌

打田栽秧坵对坵，捡个螺蛳往上丢。
螺蛳晒得大爹（张）口，哥们晒得汗直流。

薅秧歌

大田薅秧排对排，一对秧鸡下山来。
秧鸡抬头望秧子，情妹抬头望哥来。

收工歌

高粱叶子青又青，高粱造酒绿洇洇。

劝郎三杯就圆满，送哥一里歌回程。

仡佬族形形色色的劳动歌中，还有独具韵味的一类“盘歌”，祖祖辈辈传唱在仡佬族村寨，他们的文化历史、故事传说、生活知识等历来都是口耳相传，在世代相传的漫长历程中，逐渐形成了一种独特的传承方式——盘歌。仡佬族方言的“盘”就是“问”，“盘歌”即盘问的歌谣，是把直接询问改为用歌曲演唱的形式，来完成盘问别人所要表达的内容，通过一盘一答，传授知识、讲解事由、活跃气氛、娱乐心情。盘歌内容广泛、题材多样，具有浓郁的生活气息，歌词即兴而发、简单明了，而且根据不同环境、不同对象、不同人物而不断变化，灵活巧妙，既呈现出仡佬族机智聪慧、敏锐善思的应变能力，又反映了仡佬族富于情趣、富含哲理的民族文化。

盘歌林林总总，种类繁多，常见的有盘古人、盘农事、盘历史、盘动植物、盘花等。在演唱中叙事传情，在对歌中自娱娱人，在盘问中明道说理；表现手法常常使用伏笔、讽刺等；修辞艺术上往往使用谐音、顶真、拈连、夸张、比喻等。盘歌是仡佬族长期以来的生活积累和知识结晶，深深扎根于民间，富有浓郁的地方特色和民族风情。

盘歌有固定的节奏韵律，歌词多用比喻句，内容千变万化，十分灵活。如盘古人——

（问）张先生来赵先生，唱首盘歌给你分。
起初何人开天地？又是何人制乾坤？
又是哪个制风雨？又是哪个定时辰？
又是何人制人伦？又是哪个制衣衿？
（答）张先生来赵先生，这首盘歌我分清。
盘古老王开天地，三皇五帝制乾坤。

东海龙王制风雨，娄景先生定时辰。
伏羲兄妹制人烟，轩辕黄帝制衣衿。

盘花——

（问）什么开花红彤彤？什么开花起筒筒？
什么开花起吊吊？什么开花像毛虫？
（答）石榴开花红彤彤，松树开花起筒筒。
核桃开花起吊吊，白扬开花像毛虫。

盘农事——

（问）哪样出来高又高？哪样出来半山腰？
哪样出来连械打？哪样出来棒棒敲？
（答）高粱出来高又高，苞谷出来半山腰。
豆子出来连械打，芝麻出来棒棒敲。

盘歌是仡佬族人民千锤百炼流传下来的集体创作的结晶，具有广泛的群众性、娱乐性、知识性、趣味性及民间传承性等特点。在长期的口头流传过程中，每一位仡佬儿女都是当之无愧的优秀歌手，他们在繁重的劳动中传唱，在喜庆的日子里传唱，形成版本不一、大同小异的各类盘歌。一问一答的简单形式，单纯明了的对歌内容，却是开启智慧、传授知识的重要手段，也是缓解劳累、娱乐民众的重要方式。总之，盘歌和其他的劳动歌谣一样，是劳动的成果、智慧的结晶，是生活的艺术化，也是仡佬族文化的重要组成部分。

第二节　书面文学　与时俱进

云贵高原因大山阻隔而与外界交流不畅，相对封闭的地域环境使仡佬族特有的生活习俗与文化心理都得以完好保存；多民族和睦共生、相依共存的人文环境又使得各民族“文化基因”相互渗透、彼此融合，构成一幅曼妙多姿、风情万种的社会风俗画卷。这种特殊的文化土壤催生了仡佬族文人文学的崛起，当作家自觉地将其诉诸文字，用诗词歌赋、曲联文章纵情渲染、描摹刻录，一个民族独有的文学内涵也就蕴含其中，跃然纸上，并成为当下理论界关注、研究的焦点和热点。

一、秀才举人，文风初启

明清以后至民国时期，随着文化教育的普及深入，仡佬族书面文学也有了骄人成绩，大批知识分子开始文学创作，他们是秀才、举人、贡生甚至留学生，如李英才、龚煌、申云根、王廷弼、蔡世金、申晋芳、徐致和等，这些文人往往既是“士”也是“仕”，既为“官”也为“文”，其作品或诗或赋、或曲或联，常常不足百字，但辞章通达，文采斐然，有的更是著书立说，由此掀开仡佬族书面文学的序幕。比较突出的有——

周渔璜：字渔璜，号起渭，一字桐埜，别号载公，贵阳青岩骑龙人，清初著名学者、诗人。周渔璜幼而聪慧，潜心向学，14 岁时作《灯花诗》于当地传诵一时，17 岁中举，22 岁获贵州乡试头名，30 岁金榜题名，中三甲进士，后入选翰林院，曾典试浙江，阅兵江淮，官居三品，名噪一时。《清史稿》称他是“诗才隽逸”的“翰苑诗人”，以一首名为“咏钟”、实为咏史的《分韵京师古迹得明成祖华严经大钟》声震京华。他的诗作“清新淡雅、言畅典少、情景交融，无矫揉

造作、晦涩艰深之嫌”。自选集首编为《桐野诗集》，清代就有四种刻本流传。周渔璜才华横溢，在清初诗坛有很高地位。康熙曾问文渊阁大学士兼吏部尚书陈廷敬：当代诗人数谁？陈答：要数周起渭和史宇义。可见周渔璜当时的才学与诗名。他在《泛舟西湖夜半始归》一诗中写道“直把西湖比明月，湖心亭是广寒宫”，《清诗话》称此句可与苏东坡“欲把西湖比西子，淡妆浓抹总相宜”之句并读。

聂树楷：字尊吾，晚号罄园居士，清光绪甲午科举人。早年曾与人倡导组织“贵州不缠足会”，从事早期妇女解放运动。1913 年贵州省巡按使戴戡举全省廉能官吏，他被举为清廉六人之一。曾官兴义府知府、毕节县知事、贵州省政府秘书，工诗、词、古文，著有《罄园诗剩》二卷，《词剩》一卷，《诗钟》一卷，内容涉及咏史、咏物、悯农、爱乡爱国、杂感等。他在《百字令·自题小传》及《平生一首戏示内子》中提到“壮岁角逐名场，浮沉宦海，精力销磨尽，问山寻水空结想”，“书可饱我腹，不问隔宿粮。书可奉我身，遑计冬无裳”。感伤超然中颇显才情，亦彰显他一身正气，两袖清风，读书向学，甘苦自知的士子古风。他文武兼备，无论办学兴教还是禁烟剿匪，都有口皆碑。

二、群体发展，量高质美

在漫长的岁月流光里，仡佬族文学呈现出民间文学一枝独秀之势，文人文学长久以来一直喑哑无语，偶有几声微弱的低吟，也只是小打小闹，难成气候，更无鸿篇巨制领军扛鼎。随着时日推移，新一代仡佬族作家和他们的作品，以高密度、高质量、高数量横空出世，熠熠生辉，闪烁在中国民族文学的万里晴空。

当今文坛不断涌现出较为活跃的仡佬族作家，并呈“集团”发展态势：戴绍康、赵伯鸿、王少龙、严新、骆礼俊、陈智武、冯福庆、冯其沛、雷贤圣、黄明福、邹进扬、夏世信、史崇高、何毓敏、廖江泉、吴明泉、姜代银、申国华、邹愿松、罗遵义、雷霖、王前波、冯尧、骆长木、韩克勤、彭孝礼、陈南水……这是一串还可续写很长的名单，他们在文坛上大显身手，在诗歌、散文、小说等各方面都取得了不俗的成绩，但他们大都不是专业作家，不靠写作养家糊口，不以写作"沽名钓誉"，而是执著于对文学的忠诚和热爱，驰骋文坛，纵横想象，挥洒才情，经营文学，在喧嚣浮躁的今天，在商品大潮的冲击下，以文会友，以写作为精神寄托，不为名利患得患失，牢守寂寞甚至固守清贫，这不能不令人心生感动和敬意。

在充满历史感的文化沃土中，这群仡佬族作家中的佼佼者，因才华横溢而"名声在外"，因名篇佳作而蜚声文坛，《仡佬族作家小说选》《仡佬族诗歌散文选》等诸多选本，选介了如寿生、戴绍康、赵剑平、王华、肖勤、伍小华、司马玉琴等人的作品，而这些作家诗人确实成绩骄人、成就喜人，他们频频问鼎国内外各类大小奖项，在显示"集团"作战优势的同时，也充分展示了仡佬族作家的创作实力和蓄势待发的创作潜力。

寿生：本名申尚贤，堪称 20 世纪仡佬族文学第一人，他 1929 年入京求学，1933 年成为北京大学的"偷听生"，1937 年返回务川，其文学创作主要集中在北大学习的 1934～1936 年。短短三年的文学生涯，数目有限的十篇短篇，却因"清楚明白说平常话的好文字"和"暴露了内地许多黑暗"的"方言小说"，引起新文化运动旗手胡适的重视，破例在其主编的《独立评论》发表他的小说，同时写《编辑后记》予以高度评价，并亲自向沈从文、陈企霞推荐。

寿生曾在《国闻周报》发表时论，如《试论专制问题》、《我们要有信心》、《新旧交替时代的游移性》、《论贵州鸦片"禁吸不禁种"之谬》、《文人不可"不知而作"》、《文人不可"知而不作"》等，针砭时

弊，展示希望，引起当时社会舆论的深切注意。他研究撰写的有关民族民间文学的多篇论文，对家乡民间文化艺术的发掘发展、发扬光大作出了不可磨灭的贡献。

在北大读书期间，寿生还整理了大量的故乡歌谣和民间故事在《歌谣周刊》发表，创作主题以忧国忧民、反映农情见长。他笔下恬静悠然的田园风光、淳朴厚道的民风民俗，不仅是作者不媚权贵、不随浊流的真情倾注，也是他勤政爱民、为官清廉的高风亮节的自然流露。

寿生小说多用家乡方言写成，反映二三十年代军阀统治下贵州兵匪、烟毒之患，乡民在黑暗与残忍压迫下的命运挣扎，以《黑主宰》、《新秀才》最为典型。《黑主宰》被评为贵州省20世纪20篇最佳文学作品之一，以经典之作载入文学史册。据专家论断，寿生作品的思想价值和艺术水平，可与同时代的乡土小说家沙汀、李劼人、沈从文、黎锦明等人媲美。

寿生回到家乡后，忙于政务，曾任务川县副县长等职，写出长篇小说《弄口》，剧本《史夫人》，却不幸毁于“文革”邪火，空留后人灰飞烟灭的哀哀长叹！所幸遗作已由政协务川自治县委员会辑成约二十万字的《寿生文集》出版，使几近为历史烟云屏蔽的文学佳作重新面世。

戴绍康：他于寿生之后“代言”了仡佬族文学的异军突起，他的小说较集中地描写了一些仡佬族别开生面的生产习俗，如“采朱砂”和“打闹歌”。《滚厂》描写仡佬族采矿的传统技术、矿洞的神秘传说、炼汞的古老历史，如麻阳人打的富矿“麻阳洞”，矿洞吉祥物“背夫子”老鼠，“银钱洞”里取朱砂的冒险经历，“血盆子里抓饭吃”的“滚厂”，葛洪发明的冶炼朱砂的“地月天星炉”……展现出仡佬族古老的采矿、冶炼技术和丹砂文化。《鼓手》通过“打闹”的壮观场面，描写仡佬族独特的生产习俗，展示民族文化的深厚底蕴。农忙季节，仡家人采用换工方式，聚数十至上百人一起锄草，这就要唱打闹歌——给苞谷薅草（薅打闹草）和给稻田锄草（薅打闹秧）时所唱的歌谣，也叫打闹号子。歌声鼓声就是号令，歌师鼓师以歌以鼓指挥劳动进程。“鼓手和歌师一临场，俨然大将登坛，挥旗布阵，调兵遣将。”急促的鼓点敲起，高亢的歌声响起，人们“被族人的这支歌，带入一种神圣的境界”，“几百把锄头一齐伸向苞谷林，在土地上同时划动，发出一种很沉的，刮断草根草苔的璞璞声”。于是，歌师和鼓手就成了“仡佬人心目中的英雄”。他小说中的滚厂、放排、打闹、蒸柏香油等，对历史和现实作出了凝重的思考，传达出时代转型期的繁复意象。

赵剑平：其祖母就是一位仡佬族歌手，常为他唱仡佬族的传统歌谣，讲仡佬族的民间故事。“祖母这些关于生活与向往、土地与民族的歌谣，培养了他最初的文学敏感；这些流传于乡野的口头文学，有非常强的仡佬族的民间特质，包含了许多仡佬族的思维习惯与审美特征，包含了对世界朴素又深刻的看法，极富哲理，对他日后的文学创作大有裨益。”《祖婆的仓房》写百岁老人祖婆神秘的身世，洞察一切的深邃，与蟒蛇、老鼠斗智的智慧，哼唱的仡佬族歌谣，经常翻晒的寿衣寿鞋，写她常“揭下头上的帕盘，稳稳地挂在僵硬的膝盖上”的生活细节，以及跪倒在她灵前的数百名“孝子贤孙”，塑造出一位慈祥睿智的仡佬族祖婆形象。《白果》写老年痴呆的老牛毛将“白果树”奉为神灵和自己的生命之根而决不离弃，表现了仡佬族对“树神”的崇拜，其间以粪灌人治疗“狗牙疯”（狂犬病）的野蛮偏方，带有传奇色彩的百年老树，磨盘岗特有的神秘习俗，偷吃白果的“酸枣狗子”，都有着浓郁的民族文化色彩。

中篇小说集《远树孤烟》，描写了许多仡佬族带有地域印记的生产生活习俗，如古老的榨油作坊（油榨坊），青石板街上的墨碇作坊（烟墨坊），深山老林中的挖瓢技艺（挖瓢坊），冯家沟的造纸技术，峡谷

人家的“祖石”崇拜，韵味悠长的民歌民谣，以及磨嘎、悬棺、杀跑羊、打粉火、跳矮子舞等，构成形象生动的仡佬族日常生活的民俗画卷。而系列作品“巨人小说”以夸张寄托理想，有强烈的象征意味；“夜郎故事”用扭曲变形鞭笞愚昧落后，表达作者的“哀其不幸，怒其不争”；“动物小说”以动物讽喻人类，别样视角更是惊心动魄。这些作品描写传统文化的深层底蕴，再现民间传统的诱人魅力，表现作者对种种现状的困惑和到民间寻找精神力量的创作倾向。

还有“官方身份”是一名传道授业的中学教师，文化身份却是一位声名远播的民间诗人伍小华；以长篇历史小说《铜剑》、《黑剑》、《花剑》三部曲享誉文坛的司马玉琴，本身就是现任的务川自治县文联主席，他们在各自的工作岗位兢兢业业、勤勤恳恳，业余时间则埋头创作、奋力笔耕，他们所发表的多种文学作品，所获得的各类大小奖项，就是对他们的丰厚回报和最高嘉奖。至此可见，龙腾虎跃的仡佬族文学令人耳目一新，团队成员日益增多，老将新人佳作频出，显示出可喜可贺的创作实力和令人瞩目的成果实绩。

三、文坛佳丽，女性崛起

直到20世纪中期，仡佬族甚至整个贵州文坛都鲜有女性作家的身影，学者王鸿儒的《贵州少数民族作家笔耕录》，共介绍了27位作家，其中竟然无一女性，仡佬族文坛几乎是男性作家一统天下。文学的世界，怎能缺乏女性甜美圆润的声音，怎能没有她们娇俏可人的倩影？

王华：著名仡佬族女作家，著有长篇小说《桥溪庄》、《傩赐》、《家园》，小说集《天上没有云朵》，发表小说近两百万字。中篇小说《旗》被改编成电影《等开花》；长篇小说《傩赐》被改编成电影《秋秋》；《雪豆》荣获第九届全国少数民族文学骏马奖，贵州省人民政府文艺一等奖，贵州省乌江文学奖等多种文学奖项。她以另类姿势异军突起，以女性视角关注社会人生，用女性经验摹写世间百态，终于打破了男性作家独霸天下的历史局面，短短几年便成就斐然，连续在《当代》、《人民文学》、《中国作家》等名刊发表多部长、中、短篇小说，被《小说选刊》、《新华文摘》、《中篇小说选刊》等选刊和各种年度选本转载。为表彰王华为仡佬族文学事业所作的突出贡献，国家民委等有关部门为其颁奖后，省仡佬学会为她颁发了荣誉证书及奖金。

王华说："我可以说是土生土长的山地作家，对山地百姓的欢悦与哀痛有切肤之感。因此，我习惯也钟情于创作与之相关的作品。"她的长篇小说《傩赐》仿佛一道仡佬族的民族符号，是为追溯民族之根、展示民族之魂而作，是黔北作家少有的带着自觉的民族意识创作出来的作品之一，因此更像一部寓言，以自然界像奶一样浓的"白雾"和失去本性的"白太阳"，以傩赐庄的贫穷和一妻多夫的陋习，以桐花节的盛大庆典和欢快氛围，象征着仡佬族苦难深重的历史，表达了作者对民族未来的美好期望。傩赐庄的"桐花节"热闹非凡：全庄男女具着民族特色的节日盛装，近乎宗教仪式的"桐花姑姑"传说的演出，一浪高过一浪的对歌热潮，傩戏班子戴面具演出的《山王图》，仡佬族特有的体育运动打篾球，十二张八仙桌上惊险的高台舞，确确实实展示出多姿多彩的仡佬族符号。而《桥溪庄》充满诡异的荒诞无稽，笼罩着浓郁的神秘色彩，表达了对病态现实的深刻反思，仿佛中国的"百年孤独"，明显带有魔幻文学非理性的艺术特质。

肖勤：以一个仡佬族女乡长的身份登上文坛，自 2006 年公开发表第一部作品以来，便势如破竹，生龙活虎，一跃成为鲁迅文学院高研班学员，中国少数民族作家学会会员、贵州省文学院签约作家。至今已发表作品近百万字，散见于《十月》、《小说选刊》、《新华文摘》、《民族文学》、《中篇小说选刊》等报纸杂志，《暖》、《云上》、《潘朵拉》、《霜晨月》、《棉絮堆里的心事》等中短篇小说赢来一片喝彩，几

乎可以看作仡佬族女性文学的“奇迹”。

短篇小说《暖》无疑是肖勤颇有深度和力度的优秀之作。小说刻意营造了一种诡异神秘的氛围：奶奶神志不清、半人半鬼的疯话和梦魇，妈妈被贫穷苦难磨砺得粗糙坚硬的柔情和母性，民办教师庆生面对未醒人事的女孩拼命克制情欲的尴尬难堪，村干部周好土执行政策开罪于人百口莫辩无从解释的窝囊郁闷，乡村暗夜电闪雷鸣彷徨无助的小等关于山妖鬼魅的恐怖臆想，山路上跌跌撞撞无家可归的小等手接电线面带微笑的最后一刻……电影镜头般的画面和质感，都集中指向和暗示了亲情的极度缺失对一个小女孩的严重伤害：小孩对成人的依赖，依恋父母的本能以及由此得到的幸福和快乐。小说已被拍成电影《小等》。

肖勤以非官方的平民姿态和女性视角写作，把她感触到的个人痛苦、民众困惑、社会病变、理性思考等通通付诸文字，在城市的喧嚣嘈杂中隐现乡村的贫穷困苦，在遥远闭塞的乡村书写中牵扯都市的繁华诱惑，千丝万缕，环环相扣，深沉地表达着剪不断理还乱的人生长恨，既有无能为力、力不从心的个体孤独感，也有哀其不幸、恨铁不成钢的时代悲愤感。

继王华和肖勤之后，罗芝芳、余灵、何义娟、冯岚等一批女作家，以虚怀之态挥毫笔耕，以后浪之姿奋步急追，她们步履坚定，执著无悔，不懈努力，勇敢尝试。毋庸置疑，他们和她们，共同托举着一个古老民族关于明天的光荣与梦想——迎接百花吐春、群芳竞艳的文学春天。

第四章

快速增长的仡佬族人口

新中国成立后，1953 年第一次全国人口普查时，仡佬族人口仅有 11 667 人，对于一个人口基数数亿的泱泱大国来说，此时的仡佬族无疑是真正的“少数民族”。

第一节　历经磨难　人口锐减

古代的仡佬族是一个人口众多的民族，主要分布在贵州境内，他们的祖先僚人是西汉时夜郎国（主要在今贵州省、云南省境内）的主体民族之一。距今 2100 多年前，夜郎境内的僚人就已经过着定居的农耕生活，出现了村落和集镇，有了自己的君长。《史记·西南夷列传》描述为“魋结、耕田、有邑聚”，“君长以什数，夜郎最大”。其社会已处于原始社会末期或阶级社会初期。此时，僚人人丁兴旺，相传西汉末年，牂牁太守陈立召见夜郎王，夜郎王兴所带随从就达数千人。此时，可谓仡佬族历史上最为辉煌、人口最多的时期，此后仡佬族历经磨难，民族人口逐年减少。

因政治和战争，仡佬先民多次向贵州高原以外迁徙，其中以魏晋南北朝时期最多，这部分外迁者被史书记为“僚”，主要有三支：一支

向贵州东北部及湖南湘西武陵山区；一支向四川迁徙，直至陕西；还有一支迁至广西。三支中尤以向蜀地迁徙者人数最多，前后达数十万人。由于统治阶级的长期压迫和民族歧视，仡佬族生存环境恶劣，除个别族群聚居地仍保有本族文化特色外，许多仡佬族被迫隐瞒自己的民族身份，使得仡佬族的文化伴随着他们的民族人口大量“消融”在其他民族之中。

自唐、宋至清代，南方各少数民族地区一直处于封建王朝和当地土官的统治之下，元、明时期，仡佬族地区大都为当地土司统治。土司制度是封建王朝在南方少数民族地区实行的一种民族政策，既是政治统治制度，又是经济剥削制度，是在适应奴隶制和农奴制分散统治的基础上形成发展起来的。作为一种政治制度，土司制度对推动各民族社会经济发展起过一定积极作用。但到15世纪末16世纪初，各地土司“圈地”自恃，山高皇帝远，世有其土，世有其民，世有其政，独断专横，雄霸一方，权力欲极度膨胀，生活上日渐奢靡，对境内土民政治上残酷压迫，经济上肆意掠夺，骄奢淫逸，为所欲为。到17世纪末，土司制度的腐朽反动变本加厉，其落后与弊端暴露无遗，严重阻碍了南方各族社会的向前发展。各少数民族也时有反抗运动，而这些运动付出的都是生命的代价。史料记载，明洪武二十八年（1395年），西堡长官司仡佬族人民在反抗官府中，有5326人遭擒杀。成化十四年（1478年），西堡仡佬族有万余人再次举行起义。

“改土归流”是明清中央王朝针对落后的土司统治对少数民族进行的政治改革。清雍正年间，仡佬族地区的“改土归流”基本完成，仡佬族人民以后处于流官的直接统治之下。改土归流导致土司统治地区各民族经济体系和政治制度的大变革大震荡。流官政权加强了中央集权统治，使边地基层政权与内地汉族趋于一致，巩固了中央王朝对地方的统治，促进了改土归流地区社会经济文化的发展。但建立在大族封建中央统治集团利益前提下的改土归流，流官统治代替土官统治，土民依然未能摆脱民族压迫和阶级剥削，有些地区甚至遭遇“土”、“流”双重统治，民族歧视和民族压迫照样存在。如贵州黔西、大方等彝族安姓土司，一直保留着他们的政治经济势力，直到新中国成立前夕，还对当地仡佬族及其他弱势民族进行残酷的剥削压迫。因此，和许多被轻视、蔑视的“蛮夷”一样，即便已是俯首称臣的“天朝子民”，及至民国初年，仡佬族人口仍急剧减少，居住区域迅速缩小，聚居地多呈点状分布在其他各族生活区域之间。

除了历代统治者的剥削，疾病也是仡佬族人口减少的重要原因之一。如民国二十六年（1937 年），平坝大狗场仡佬族中一场霍乱流行就夺走了 238 条人命，而当时此地仡佬族人口不过 568 人，一场瘟疫就带走了近一半人口。此外，仡佬族低下的社会地位也是造成清代和民国时期仡佬族人口锐减不可忽视的原因。由于社会地位低下，一批仡佬人通过婚姻关系改变民族，甚至自动改族换姓。1914 年，德国女学者克拉克在《中国西南部族》一书中提到，仡佬族“接近于绝种”。到 1949 年新中国成立时，仡佬族不足 12 000 人。

第二节　人口规模　稳步增长

“人丁兴旺”、“家和万事兴”历来是中国百姓追求的美满日子。但命运坎坷、饱经磨难的仡佬族，民族的兴衰荣辱，部族的聚散离合，家族的增删消减，却成为民族记忆中挥之不去的烙印。历代封建王朝对西南各地少数民族不断的武力征伐，兼之以夷治夷，改土归流等奴役政策，迫使曾经“开荒辟草”的百濮之民，曾经辉煌荣耀的“古老先人”，要么改族换姓，隐姓埋名，要么远走高飞，避祸他乡，要么与当地其他民族交汇交融，血脉混杂，致使仡佬族族属、习俗、文化等

演变加剧，住地失散，宗亲流亡，人口锐减。直到新中国成立后，特别是20世纪80年代，随着仡佬族识别工作的全面开展，民族政策的贯彻实施，许多仡佬人才勇于承认自己的民族身份，族属族别才得以还本归源。

2010年第六次全国人口普查时，仡佬族共有人口550 746人，占全国总人口的0.04%；全国少数民族人口总量为11 379万人，仡佬族占少数民族总人口的0.48%。

从人口分布来看，仡佬族呈大分散、大杂居、点状分布的特点，在全国的31个省、自治区、直辖市均有分布，主要聚居在贵州省境内的北部、西北和西南，散居于遵义、安顺、毕节、铜仁等地（市），云南的文山、广西的隆林、四川的古蔺以及湖南的麻阳等地区，亦有少量仡佬族聚居地。

贵州省历来是一个少数民族聚集地。吕思勉《中国民族史》第十章濮族载："自元以来，云贵之地，日益开辟，诸濮族亦皆列为土司。其最有关系者，在黔则播州。……播州，今遵义县地。"说明仡佬族是贵州的土著居民，主要分布在黔北一带。贵州省现有以仡佬族为主体民族的自治县两个，以仡佬族为主体民族的民族乡16个。第六次全国人口普查资料数据显示，贵州省仡佬族人口为495 186人，占全国仡佬族人口总数的89.91%。

新中国成立以来，我国分别在1953年、1964年、1982年、1990年、2000年和2010年进行过六次人口普查。60多年来，仡佬族人口有了大幅度的增长，从新中国成立初期的1万余人到2000年最多的57万余人。

仡佬族是我国少数民族人口变化最大、人数增长最快的民族之一。从1953年的11 667人到2010年的550 746人，仡佬族人口增长了47倍。在政治权益保障的前提下，历史悠久但人口较少的仡佬族获得了重大发展，不仅在人口总数上数十倍增长，尤其在人口素质方面有了显著提高，在人口结构、性别比例等方面更趋合理态势，为仡佬族地区的繁荣与进步奠定了必要的发展基础。2010年数据显示，仡佬族现有男性289 369人，女性261 377人，性别比110.71，性别比较2000年的115.71略有下降，说明出生性别比例失衡的问题正在逐步得到改善。人口结构方面，1990年第四次全国人口普查时，0～14岁儿童占仡佬族总人口的34%，65岁以上老年人口占仡佬族总人口数的3.96%，15～64岁间的劳动力人口占总人口数的62.04%；至2010年，0～14岁少年儿童占总人口的比值下降至28.44%，65岁以上老年人口占比7.58%，较1990年几乎翻了一倍，15～64岁间的劳动力人口占总人口数的比例为63.98%。整体呈现出生率下降，老年人口增多，劳动力人口基本保持平稳的趋势。

与其他兄弟民族相比较，仡佬族的人口发展速度很快，从20世纪60年代到80年代，仡佬族总人口数仅翻了1倍多，从80年代到21世纪以来，仡佬族总人口发生了根本性变化，增长达10倍之多。同样的两个时间段，都是间隔18年，但人口增长的速度却不可同日而语。

特别值得一提的是，从1982年到1990年的短短8年时间，仡佬族人口增长幅度惊人，人口数量有了天翻地覆的变化：1982年仅为54 164人，1990年猛增至438 192人，增长了8倍。除人口自然增长的因素外，1983年开展的恢复民族成分的工作也是重要因素。据统计1982～1990年间约有35万仡佬人恢复了自己的民族成分。

1990～2010年期间，仡佬族人口文化程度也有了大幅度发展，大学专科以上学历者从1990年的0.2%飞跃至2010年6.96%。我们应该意识到，虽然仡佬族人口素质有了大幅提高，但与全国平均水平相比，仡佬族人口的整体文化素质仍然偏低，亟待进一步提高，以适应发展的需要。

第三节　人口教育　任重道远

仡佬族的民族教育历史渊源久远，早在汉代，西南硕儒尹珍等人就曾在仡佬族地区从事文教活动，但学校教育的出现主要是在明清时期。改土归流促进了当地文化教育的发展，出于政治教化的需要，明清两代地方官府在仡佬族地区大力兴办儒学。改土归流前土司“恐土民向学有知，不便于彼之苛政，不许读书”，“向来土官不容夷人应考，恐其入学，与之抗衡”。改土归流后清政府下令废除“禁部中夷人不许读书”旧规，提倡凡有条件办学之地，均设学校和教职，并规定取士名额。因此，明代后期尤其是清代，仡佬族聚居地大都设有县学、乡学，实行科举考试。为笼络人心，清政府还专设“苗童”名额，予以特殊“照顾”。府学、书院、社学、义学、卫学的兴起，使仡佬族子弟有机会上学，“文教事兴，人皆向学。不独世家巨室，礼士宾贤，各有家塾，即寒素子弟，亦以诵读为重”。贫寒子弟读书识字的逐渐增多，“悉以耕凿诵读为事”，“多有读书明理者”，“于书无所不读”，从此，仡佬族有了自己的秀才、举人、进士，产生了较早的一批民族知识分子，著名的有明代政治家申佑，清代文学家周渔璜等。乾隆四十年（1726 年）生于正安宦官家庭，捐田办学的冯辅元尤为不易，青年时在省城贵阳书院学习，毕业后任镇宁州府知县。他认为政府腐败乃文化奇缺、民愚官蠢所致，为劝民读书，他捐出祖田助当地办学，并将每年谷物收入全部用于发展教育，为私塾办学提供了保障，使家乡教育事业开始起步发展。

在现代学校教育进入前，由于汉族文化的强势影响，仡佬族的基础教育主要表现为世俗教育，办学形式有非官办的私塾和书院，官办的府学、州学和县学，旨在为蒙童开启智慧，除了教孩子识文断字，更主要的是通过学习传统的儒家典籍，教儿童一些基本的人伦天理，如天地君亲师，仁义礼智信等，使地处偏远的仡佬族子弟，从此可以读书向学，摆脱蒙昧，科举入仕，经国齐家，这种以世俗教育为主的初等教育，通过启蒙和讲学，培养本族官绅等方式，为传播汉民族文化、促进民族交往、推动文化交流、增进民族融合起到了积极作用。如名垂史范的邹庆、申佑、周渔璜等人，都曾就读家乡私馆或官学，接受启蒙教育，而后深造成才。古思州即今务川民族自治县，世俗教育相当发达，呈扇状辐射整个黔东北地区，因而享有“思州文学，务先被之”之美誉。早期以世俗教育为主的基础教育，是仡佬族教育的历史根基，是其民族基础教育发展史不可剥离的重要组成部分。

如果说私塾、书院是仡佬族现代教育模式的基础，那么仡佬族真正意义上的学校教育，就是始于清朝末年的“小学”。1905 年仡佬族地区出现初等小学，实行清廷颁布的《奏定学堂章程》，亦称“癸卯学制”，即初等小学修业五年，高等小学修业四年。课程设置修身、读经、国文、算学、历史、地理、图画等，辛亥革命后废止读经，推行国民教育，改学堂为学校，1922 年开始实行当时教育部颁布的《新学制系统》，课程设置兼顾“文”、“理”、“体”、“美”，以国文、算术为主，其他有修身、美术、历史、自然、体操等，非常接近今天素质教育倡导的“德智体美”。至 20 世纪 40 年代，仡佬族地区始建初级中学，学制三年，除主要课程外，增设理化、生物、博物、公民、体育、劳作等，其中英语和音乐课的开设极富时代特色，标志着民族教育视野的拓展，学校教育开始与汉族同类教育接轨乃至同步。

至 1949 年，道真、务川两个今天的民族自治县已有初级中学，各中心镇设有完全小学，农村私塾较为普遍，最“高级”的是道真县在中学里办的一个简易师范班。但仡佬族儿童的入学率仍然很低，成人文盲率高达 98%以上。1950 年以后，人民政府在仡佬族地区大力普及

初等教育，投入大量的人力、物力和财力，集思广益，兼容并包，以公办、民办、民办公助等方式广办学校，采取各种政策照顾仡佬族子弟入学，同时还在仡佬族聚居区建立民族小学和民族中学，以招收仡佬族学生为主，使仡佬族的文化教育事业焕然一新，民族教育呈现出欣欣向荣的可喜景象。文化教育事业的发展对仡佬族地区社会经济文化的发展有着深远的影响。

但由于仡佬族聚居地因封闭的地理环境，落后的政治、经济、文化诸因素，以学校为主的基础教育总体上呈现出发展迟缓、规模小、水平低、不稳定等特征。

新中国成立后，人民政府大力普及初等义务教育，极大地改善了仡佬族地区的办学条件，办学水平也得到相应提高，现已形成各种层次、各种类别的较为完善的民族现代学校教育体系，整体上表现出同全国基础教育同步的发展态势。义务教育的大普及使仡佬族教育发展呈现出空前的繁荣景象。仡佬族地区学校基础教育的发展，曾受自然条件、民族文化、社会政治、人口分布、经济发展以及政府教育政策变化等因素的影响，学校基础教育出现过多种办学形式。随着社会的发展变迁以及国家对现代学校基础教育的统一和控制，一些曾经为民族地区基础教育作出过贡献的学校形态已经消失或被取消。现在，仡佬族地区的学校基础教育，从办学主体、办学规模、就读方式、校点类型及教学的内容和方式，与汉族地区、城市地区都没有本质的差异，其特点也与其他地区的学校基础教育大致相同。目前，仡佬族地区学校基础设施建设得到加强，办学条件进一步改善，义务教育阶段免除学杂费，并加大了对贫困学生救助力度；狠抓教育教学质量，教学质量和办学效益进一步提高。

几十年的艰难历程，仡佬族地区学校基础教育发生了翻天覆地的变化，培养了大量的各类人才，充分显示了学校教育在传递共同知识、普及共同文化、培养现代社会建设者和接班人方面的规模效益，为普及主流价值和文化，实现“两基”达标发挥了巨大作用。

仡佬族地区的省级示范高中——道真中学　（孙建芳提供）

第四节　民族精英　才俊辈出

在漫长的民族历史中，优秀的仡佬族儿女层出不穷。从传说中的“宝王”、“竹王”、“仡佬王”，到大批杰出的民间英才，他们既是建功立业的民族英雄，又是各行各业的普通一员：有蜚声海外、名震业内的专家学者；有著作等身、文名远播的诗人作家，但更多的是工人、农民、军人、警察、教师、公务员以及自由职业者。他们是一个个脚踏实地、挥汗如雨的“农民工”、“打工仔”、“川军”、“棒棒”、“背篼”，他们勤勤恳恳地劳动，默默无闻地奉献，坚守平凡的工作岗位，固守传统的文化品格，用勤劳的双手、智慧的才思，参与祖国的现代化建设，打造仡佬族的幸福生活。无计其数的仡佬儿女活跃在各自的

工作领域，诸行百业，才俊辈出，民族精英，青史留名，但真正留名留姓的，多是士子学人，他们通过科举入仕，走出封闭的莽莽大山，走向外面的精彩纷呈。究竟有多少仡佬族子弟闯进明清两代的考场官场，今已无法准确统计，除《思南府志》、《思南府志续志》、《遵义府志》等官方"正版"资料外，还常常可从其他史籍中看到他们意气风发的矫健身影。

邹庆（1408～1479）：务川县江边人，字佑之、天庆，号止庵，幼时就读家乡私塾，与同窗申佑、田太、苟禄最得老师赏识。见四人学习刻苦、才思敏捷，老师特在四人姓名中加一"天"字：申天佑、田天太、苟天禄、邹天庆。他们每天完成功课后，利用休息时间，在学校对面挖成两亩多的泥塘，又从河里捉来鱼虾喂养。因鱼塘是四个"天字辈"学生修成，人们称之为"天池塘"。

明正统五年（1440 年），邹庆去云南昆明乡试（当时贵州未设考场），中庚申举人。景泰元年（1450 年），授云南省北胜州知州。天顺三年（1459 年），升授云南姚安军民知府。成化二年（1466 年），奉旨回乡养老。在任为官清廉，勤于政事，爱护子民，卓有政绩，离任时百姓依依不舍，送他铜狮 1 对，重 20 公斤；铜花瓶 1 对，重 10 公斤，以示官民之情。明理学家、西南大儒李渭评价说："邹公庆，父子才美，与侍御公（申佑）埒名。邹公为滇州郡，卓有吏治，声称前哲，发祥遐域，振采宇内。"明成化十四年（1478 年），朝廷赠邹庆中宪大夫。1479 年在家乡病故，享年 73 岁。明嘉靖十五年（1536 年），思南知府洪价采士论，举入乡贤祠。

申佑（1425～1449）：务川县火碳垭人，字天锡，明英宗正统三年（1438 年）举人，正统十年（1445 年）进士，官拜四川道监察御史，是一位以忠孝节烈闻名于世的仡佬族英雄。他杀虎救父、冒死救师、舍身救主的"三忠三烈"，名震黔中。童年某日，其父被虎叼去，申佑持棍勇追，虎惊逃，父脱险。就学京师太学，国子监祭酒李时勉因谏言得罪皇帝，戴枷示众，将被问斩，众臣噤声，无人敢言，申佑挺身而出，擂鼓喊冤，并请代师就死。帝感其忠，特赦李死罪并官复原职。申佑为救师长，敢触“天威”，义勇之举，闻动京师，为人景仰。正统十四年（1449年），蒙古瓦剌部也先领兵攻打大同，专权太监王振挟英宗御驾亲征，至土木堡（今河北怀来境内）被重兵围困，50万明军溃亡过半，为便逃脱，英宗急寻貌似者替身惑敌。申佑扮帝乘辇出走，瓦剌兵误为英宗，紧追不舍，申佑葬身乱箭。英宗被俘，幽囚于南宫，七年后复辟。因申佑“尽节殉难于从龙”，赐谥为“忠节申公”，世称“文林郎”，“申佑祠”至今完好保存于务川县城。

忠孝节烈的仡佬族英雄申佑祠堂　（冉从茂摄）

申佑辞世后的较长时间，其事迹仍鲜为人知，直到一些深悉内情的重臣频频上书，累累为之鸣不平，如萧重望《题奏缺漏申侍御土木堡忠臣庙名位疏》和程敏政、赵维垣、敖宗庆、田秋等朝臣正气凛然的诗文奏疏，才使他走出历史尘埃，浩然大义的气节重见天日，“三忠三烈”的英名范世长存。但一生戎马倥偬却昙花一现，见义勇为而忙

于政务，他的文学作品都已散佚，仅存《挽从舅李公诗》存《黔诗卷略》卷一，如果不是英年早逝，务川文化史肯定会有更多华彩篇章。

杨光权（1830～1891）：务川人，历任甘肃省大夏县知县和秦州（今天水）直隶三岔厅知州，在任不仅首禁鸦片，而且重奖农桑，兴办学校，建设义仓。治秦数年，社会安定，荒年不饥，民心大悦，他却积劳成疾，病逝于职。天水百姓感其两袖清风，家无积蓄，自发筹银数百锭，派代表扶柩还乡，并镌刻“天水遗爱”石碑一块竖于墓前。

王济辉（1866～1918）：务川县三坑人，曾留学日本的光绪丁酉科举人，官至奉天省（今辽宁）安东知事和吉林省临江县知事，不畏日本使节威胁利诱，坚决抵制其企图私绘中国地图的侵犯主权之举，后在反对袁世凯称帝复辟的斗争中成立“辽东讨袁护国军司令部”，自任部长，率众反袁。此后任职北京直到病逝，被国民政府追认为革命功臣予以厚葬。他在家乡设馆教学，深谙民间工匠杂艺，亲手书写木工石匠工艺趣联一副，足见其才艺与志趣：

凿毛石　打边角　裁方磴　架拱桥　走南走北
砍竹子　划篾条　编圆圈　箍扁桶　装东装西

龚来发（1862～1995）：和上述声名赫赫的“文臣武将”相比，百岁老人龚来发是另一种仡佬族的传奇人物，他是响当当的“中国长寿之王”，务川县茅天人。半岁时因家贫送人，10 岁养父母先后去世，以野果野菜充饥度日，白天外出觅食，夜睡山洞或树下，全身长着黑毛，赤足奔走山间，人称“小野人”。14 岁被向礼全雇请，从此结束“野人”生活，回归正常社会。自他到来，向礼全连生 3 子且年成极好，可谓人财两旺，爱其勤快忠厚，视如家人。儿孙满堂、家境殷实的向礼全临终遗言：“龚来发到我家后，我家人财两发，他就是大家的老人，不管他活到什么时候，都要好好赡养他。”龚来发在向家过了 7 代人，代代对他孝敬有加；村里老老少少皆呼其“老祖”，恭顺爱戴如自家“活祖宗”。

龚来发一生未婚。他不喝酒不吃药，粗茶淡饭，爱吸土烟，一杆竹烟杆随陪百余年。他性情开朗，爱说爱笑，尤其喜欢唱山歌。中国老龄委员会和 93 全爱老行动组委会，在 1993 年老年节举办的“中国百岁寿星排座次”活动中，他以 131 岁高龄荣获“中国长寿之王”称号，并获证书和“金座椅”奖杯，全国各报刊、广播电视记者，纷纷前往采访报道。此后，河北省肃宁县颐春茶厂聘请龚来发为名誉厂长，每月赠给 200 元终身养老金；务川县国营酒厂亦聘其为名誉厂长，每月 200 元终身养老金。他激动地说：“我一生经历了几个朝代，都没有现在好，我感谢共产党的大恩大德!”

龚来发于 1995 年 3 月 12 日下午 1 时在家中去世，享年 133 岁。长寿的老人本身就是一个寓意美好的象征，一个含蓄执着的愿望。就像“开荒辟草”的民族自身一样，古老而神秘，充满蓬勃的朝气和年轻的活力，在古韵悠扬的历史传承中，一个民族开始续写一段崭新传奇：新的时期，新的机遇；新的梦想，新的挑战；新的起点，新的辉煌。

第五章

风情独具的婚丧嫁娶

生老病死、离合悲欢是每一个尘世生命必然面对的悲喜剧，婚礼葬礼更是人生舞台大起大落的悲喜两极。一场红火热烈的婚礼，意味着一个新家庭的组成，意味着新生命的降生；一场哀婉凄绝的葬礼，则是一具鲜活肉体的永远沉睡，黯然离去。于是，生命的诞生和远离，才如此让人笑让人哭，让人喜让人愁。在世界文明的初始阶段，几乎每个古老民族都曾面对生命从何来向何去的原始追问，也曾面对生死轮回、灵魂转世的无解困惑，然后各自用深厚的历史积淀，用不懈的努力探索，将他们的理解和答案，将他们的心声和愿望，附着于神秘的庆典仪式，固定为不变的程序步骤，代代相传，绵绵不断。

仡佬族，这个爱酒爱歌的古老民族，用他们自烤自酿的甘醇米酒、自编自唱的甜美歌声，把爱与恨、生与死的生命命题，刻写成仡佬人文化的集体记忆。他们独具风情的婚丧嫁娶，仿佛来自历史深处的画外音，遥远而神秘，琐细而具体，习习相因，绵延至今。

第一节　谈婚论嫁　琐细典雅

仡佬族婚姻曾经比较自由和开放，如遵义地区的仡佬村寨，曾设有专供男女青年玩乐嬉戏的“要房”；黔西、大方、水城等地，村旁寨边的荒坡山洞，往往是理所当然的恋爱“圣地”；聚会、赶场、喜宴等场合，青年男女可大方地谈情说爱。交往到男情女愿就丢“准存”，也叫“把凭”，即双方互赠信物作定情凭证，便可相约成婚。后演绎为“父母之命，媒人上前（撮合）”方能结成夫妻，再发展成“父母之命，媒妁之言”的包办婚姻，即所谓开“背扇亲”或叫“背带亲”，甚至“指腹为亲”，为尚未出生的孩子定亲，一男一女为姻亲，同男同女为干亲，孩子互称干兄弟干姊妹，双方大人互称“干亲家”，类似于汉族的“指腹为婚”。

就历史渊源看，1949 年前，仡佬族基本不与外族通婚，甚至本族内部不同支系也不联姻，偶因战争、迁徙等与外族通婚属特例。其婚姻讲究“亲上加亲”，民间有“肥水不落外人田”的说法，所以多“还娘头”（姑舅表婚）、“顺水亲”（侄女跟姑妈）、“姨表亲”等，这种近亲婚配不利于优生优育，也为婚姻法所限，故今已不行。和汉族传统追求“四世同堂”、“五世同堂”为人生幸福至境不同，仡佬族一般是一夫一妻制的小家庭，三代以上“同堂”的较少。

一、三媒六证，礼仪繁杂

婚礼是每个人生命中都会亲身经历或旁观体验的重要仪式，也是每个民族全民参与的一项礼仪活动，从两情相悦的谈情说爱，到情定终身的谈婚论嫁，诸多的细节、礼节及忌讳、习惯等，日积月累，相约成俗，形成大家共同遵守的仪典范式。

仡佬族婚姻早期比较自由，青年们在日常交往、生产劳动中，男女对歌，心心相印，以大树或巨石为媒就可缔结姻缘。随着社会的发展，汉文化大行其道，“门当户对”、“三媒六证”的婚姻礼教改变了仡佬族自由、浪漫的婚恋风俗。清代，仡佬族婚嫁礼俗发展成一项系统

规范的礼制活动。婚礼过程漫长烦琐，程序步骤详细严格，男女双方各有不同又彼此互动：男方一般为提亲、交礼、发茶、装香、开庚、报期、迎娶，女方相应为放话、盘媒、备嫁、哭嫁、发亲，每个程序都有具体礼仪要求。发展至今，仡佬族婚嫁习俗虽已渐趋简化，减少了部分程序，但作为婚俗最重要的组成部分——婚礼的礼仪要求仍为仡佬人谨守。

一般而言，仡佬族婚仪程式首先是提亲，即男方请媒人向女方“讨口风”，女方“放话”回应提亲之事，就可进行交礼，男方再请媒人到女方家正式说媒，女方则请来族中尊亲“盘媒”，主要盘问男方家境家风，考察媒人德性品行。至于是否“开亲”，要得到男女两家同宗三代的同意，故曰“六证”。如双方均有意就发茶，也叫“拿人情”（送聘礼）。一般有初媒，俗称头道人情，给女方父母送“荤人情”，叫吃头道茶；二道媒称二道人情，除给女方父母送荤人情外，还要给伯爷、叔子送“素人情”，叫吃二道茶；三道媒也叫三道茶，送礼的具体范围、人情大小须请媒人问明女方，女家酌情向男方“派人情”，一般送荤人情的范围扩大到外公外婆、舅舅姑姑等三代直系亲戚，其余则送素人情。发茶常在端阳、重阳、中秋、腊月、春节等节庆日子进行，实际是把女儿已“放”了人家、将要出嫁的信息向亲友“广而告之”，亲戚则根据人情大小、亲疏关系准备“打发”（送给姑娘的嫁妆），主人家也开始为女儿置办嫁妆。

一切顺利就可装香，又叫“插香”，男方备办五色布料、荤素人情、糖果糕点、酥食麻饼、“香香”（花生、葵花、核桃、板栗等）及大小龙凤烛各一对，香纸、鞭炮、袱包若干。袱包写上女方祖先名讳，焚化之男自称“婿”、“孙婿”。所有东西用茶盘装好，由媒人带领送往女家，摆在堂屋神龛下，并举行祭拜仪式：点香、燃烛、焚化钱纸袱包、鸣放鞭炮。“装香”意味着订婚，婚约就此成立，不能随意更改或变动。接着是开庚，男方托媒索讨姑娘的生辰八字。女方复杂些，新娘出嫁前要唱哭嫁歌。因哭嫁时伴随左右、陪哭陪唱的都是平日的要好姐妹，喜期前后更是形影不离，朝夕相伴，一呼一应，以歌代哭，互诉离情别绪，故也叫“哭姊妹”。婚礼前三天姑娘“开声哭”，依次哭爹娘哥嫂、姐妹弟兄等，家中每个人都要“哭”遍；来吃喜酒的亲朋好友、帮忙干活的左邻右舍，按辈分高低、年龄大小、关系亲疏，也要在哭嫁时逐一夸赞。此外还要哭媒人、哭新郎、哭祖宗、哭梳头等。

仡佬族迎娶队伍　（冉文玉摄）

到了俗称“看期辰”的报期，男方礼请八字先生依双方生辰八字择定婚期，然后带上先生书写的“报期书”，备礼到女家协商确定婚期。“看就期辰定就年月”，选定日子后，双方开始准备婚礼，共同期待婚礼中最热闹最喜庆也是最悲情的时刻——迎娶。

男家在婚期头天要派一个能说会道的未婚男青年，携木梳两把（梳齿必须双数）、红烛一对、红头绳1丈2或2丈4、红布1尺2、糖两斤、甜米酒一壶（必须甜，否则会以酒“恶”谐音婆婆“恶”）、梳头袱包及“头书”一封等礼品到女方家递“梳头礼”。有的地方有先一日到女家“坐夜”的风俗。

姑娘在出嫁日通宵不睡，鸡叫头遍时，由特请的妇女为其梳头，梳头人是精挑细选的“全人”，必须容貌端庄、品德无瑕、身体健康、父母公婆健在、儿女双全、夫妻和美。姑娘梳完头要到“香火”前哭祖宗。媒人和“押礼先生”（司礼）递“投书”报信，接亲队伍进入女家。女方派一同姓者在大门外迎接新郎和“押礼先生”，三人同向香火作揖、进堂屋、对礼，司礼摆出男方礼品，所有礼品都要放上一个“书子”，如“仁、義、礼、智、信”书、“请书”、“正启书”等，这是充分体现传统儒家文化对仡佬族影响的典制礼仪。女方选一福气好的男子（忌妻死、重婚、无子）点燃龙凤烛，这里面很讲究，因为烛的燃烧暗喻着今后的夫妻生活——若一明一暗，则意味着双方一强一弱，若既结灯花又同时烧完，则表示夫妻恩爱、白头偕老。

接下来举行“过礼”仪式：先拜天，面向“香火”下跪，敬酒三杯、磕头三个，然后面向大门下跪，敬酒三杯、磕头三个。后拜地，仪式如前。司礼拿出一封“报书”交与女家，女家派一人持书立于门槛报喊亲戚：“堂前有请，领书领酒”，父母、祖父母、外祖父母、舅舅、姑姑依次被喊到堂屋接受新姑爷的跪拜和敬酒，这套礼仪被称为“传书过礼”。从押礼先生递“投书”到对礼、摆礼、传书过礼整个过程，双方司礼都要对“四言八句”。这是仡佬族婚礼中最诗意最智慧的部分，也是男女两大家族斗智斗勇的时候，学识的丰富渊博，思维的敏捷缜密，语言的机智幽默，应对的巧妙风趣，无不尽显其中，总之，展示的是实力，夸赞的是礼数，炫耀的是才情，赢得的是知书识礼、诗书传家的尊敬。

“传书过礼”后，女方在堂屋设席招待新郎和媒人，并以同姓亲戚陪席，坐中必有一能说会道者提壶斟酒劝酒，新郎、媒人分坐上席右左，司礼、提壶人坐右席。姑娘出来哭媒人、哭新郎。席间司礼要分别送出“饭书”、“菜书”、“酒书”、“茶书”，以表示对做饭炒菜、端酒倒茶人的感谢和尊敬。

直到吉时发亲，焚烧女方祖先袱包，牵出姑娘在香火前哭拜祖先，出门登轿。新郎再次到堂屋拜别并接受岳父母“挂红”。“挂红”也叫“拴红”，在新郎肩上斜挂一幅红布或红床单，男亲挂右肩，女亲挂左肩。女家以“送亲客”陪送姑娘，主要是兄弟叔侄伯爷，人丁单薄的以同姓者充当，但忌与男方同姓。由男性组成的送亲队伍，既是“护轿”也是显示娘家人员“齐整”，兄弟众多，暗示男方要善待姑娘。嫁妆中必有两口大红箱子，箱内必装一袋米和两个碗，这是父母送给女儿的“衣饭碗”，是女儿今后生活富足的母本。

迎娶新娘到家，新郎首先进堂屋跪拜父母，然后取下“红”挂在大门上。一位“福人”妇女（忌夫死、无子、重婚）为新娘铺设床被后，开始鸣鞭放炮迎接花轿，举行“回车马”仪式：桌案上备猪头一个，猪鼻插烛一对，另有香三柱、酒三杯、长钱若干、雄鸡一只。“回车马”先生咬破鸡冠，用鸡血在轿门上画符，并粘上鸡毛，然后把鸡从轿顶往后扔，口中祷念：

马头三支大红旗，炮响三声人尽知，
人人都说神仙好，其实冇得在家中。
娶亲回，远望一轮车，罗衣四角遮，
车来来相接，马来迎酒安。
昔日红水混乱策天下，唐王女子梦娘亲，

手拿红纸白如云，将来奉劝车马神。
将来奉劝车马神，
酒一巡，酒二巡，酒三巡，
杯杯奉劝车马神，娘家车马您请回，
婆家车马出来迎，
一迎皇恩治福，二迎金玉满堂，
在娘家千年富贵，在婆家万代兴隆。
天无忌，地无忌，
年无忌，月无忌，
日无忌，时无忌，
雄鸡飞过，百无禁忌。

先生念完，轿夫须抬轿转三圈方能进屋，这是一种巫术仪式，意在驱除新娘路上可能遇到的邪气，同时表达对“车马神”的感谢。“福人”牵出新娘带入新房，再次鸣鞭迎接“送亲客”到堂屋，并以仡佬族待客的最高礼节“三幺台”款待。饭后，新娘与公婆依次为送亲的至亲挂红，新郎亲自燃放鞭炮相送，送亲客无论路程远近都不能在新郎家过夜。然后是“见拜”仪式：“福人”牵新娘与新郎同拜天地父母，接受父母的祝福封赠。见拜时新娘不下跪，夫妻不对拜。新婚之夜，族中亲人可以“三天无老少”闹洞房。

婚礼次日为“复言酒”，一些错过“正酒”的亲朋好友可在这天补“人情”（钱帛财物）。早晨，新人同把新娘做的布鞋跪送父母亲人并改口称呼。第三天为“复二言”，新媳妇要用“嫁妆米”为全家煮一顿“孝和饭”，也叫团圆饭。第四天新婚夫妇备礼回娘家，俗称“回拜”或“回门”。新姑爷先进堂屋放礼品，然后出来鸣放鞭炮，鞭炮越多岳家越有光彩。“回拜”不能在娘家住宿。

至此，一场婚事全部“杀角”（结束），小两口开始日复一日柴米油盐的寻常日子，一如童话中“从此，他们过着幸福的生活”。

仡佬族婚俗是其历史文化的遗留和表现形式，是民俗、心理、礼仪、道德的具体体现，寓含着仡佬人的精神、信仰、价值取向，同时也寄托着一份美好的期盼。其中“传书过礼”、“梳头礼”、“回车马”、“装香”等内容古规古矩，承载着大量的历史文化信息，是不可多得的民族传统文化的情景再现，也是研究者难得一见的鲜活历史案卷。

二、喝鸡卦酒，结打湿亲

仡佬族婚俗因地区差异而区别较大，联姻的程序各地用词不同但内容实质大同小异，其中许多婚俗既别致有趣又耐人寻味，如大方县普底乡的仡佬族“说亲”时，媒人第一次去女家要故意说“笑语”——

媒人：“哎呀，这‘路’，好不容易找呀！”

女方父母：“哟！你是认错‘路’了吧！”

媒人：“嗳！‘路’是找对了的，绝对没有错！”

女方父母：“错了，你人老眼睛花，晓得你是咋个转到我家来的，是不是遇着岔路走错了方向？”

媒人：“对头的嘞，一点也不错！大路直杪杪的，一个岔路口都没得；我的眼睛亮堂堂的，你家房背后有几棵树，树上有几只雀，我老远都数得清清楚楚的呀！”

这段话从头到尾一语双关：“路”为“亲路”，指以往联姻的来龙去脉；“树”喻房族宗支；“雀”喻各家子女。这样的譬喻不言而喻，彼此心领神会，心照不宣。

再如“定亲”，黔西、大方叫“吃允口酒”，遵义、仁怀称“打倒信”（回复），平坝最有意思，叫“吃鸡卦酒”。“鸡卦酒”在姑娘家举行，女方父母宰杀雌雄两鸡，宴请媒人亲友，准女婿要向岳父母敬“鸡卦酒”，且头碗必先献岳母。席间取雄鸡左腿骨及雌鸡右腿骨，察看腿骨斑点以断吉凶。一个斑点为一“筹”，两骨斑点之和在五筹以下九筹以上主吉，余数主凶。“鸡卦”谐音“吉卦”，目前人们已不再细究骨纹吉凶，而是把订婚酒习惯性地称为“吃鸡卦酒”。

“吃鸡卦酒”时，祭师还要念一段祈祷词：

今天时辰好。
×××家开成亲了。
鸡也肥了，酒也香了。
开门是一家，关门是两家。
天神保佑他（她）们成双了，
要像鸳鸯一样活到头发同白，
要像竹笋一样长得高过母竹。

这既是对婚姻的美好祝福，也是对神灵的当众起誓。行聘主要是男方给女方送聘礼，一般称为“过财礼”，是整个婚俗不可或缺的一环。至于迎娶的喜期，大都选在农历的冬月和腊月，主要为避开农忙时节。比较有意思的是迎娶过程中“把门枋”、“打亲”、“打湿亲”、“追姑娘”等习俗。如“把门枋”，遵义、仁怀一带的仡佬新娘离家时，要紧紧把着门枋不肯离去，表示自己不愿离开父母亲人，此时媒人要“强行”拉开她的双手，半“哄”半“推”，新娘也顺势半推半就，直到媒人牵她离开家门。这种习俗当地叫“把门枋”，也叫“把着门枋狠”或“把着门枋歪”，衍化为“吊歪”，是广为流传的民间俗语，凡依靠后家（娘家）或己方实力逞强占上风的，都叫“把着门枋歪”，不带恶意，有玩笑、戏谑成分。

而带有游戏意味的“打亲”，似乎更具全民参与、共同娱乐的色彩。在大方县响水一带，娶亲当天一大早，爱热闹的年轻人就准备好细竹条、荨麻秆或干脆是劈柴棍，在女方家门前守候，一看到接亲队伍来到就追赶抽打，尤其是媒人和“采歌郎”（代表新郎接亲的男青年），往往被众人“围追堵截”，所以被打得很“惨”。此外还要在接亲者脸上抹锅烟灰，而且不准洗掉，必须“黑”着脸回去。这带有游戏性质又带有巫术特征的行为举止，当地人称为“打亲”，据说可以打掉是非口舌，打跑魑魅魍魉，除却晦气，带来福气。“打亲”不只意味着“打是亲”，可能还蕴含着远古时代人类婚姻起源的神秘色彩。与此相反的“打湿亲”，则是婆家人“打”娘家人。遵义、仁怀地区的仡佬族娶亲时，男方家大门两边，要用两个窝筐（编织密实的大竹筐）装上清水，由青年妇女守候，只等新娘跨进大门，便拼命舀水洒向送亲者，传说这样可淋去邪魔，求得吉利，当地称之为“打湿亲”。“开亲开亲，不打不亲”，因为“湿”谐音“实”，意谓实在、实诚。送亲人对此早有防备，一边高喊“不要浇水，已经是湿亲了”、“比湿亲还亲”，一边迅速跨入新郎家。一旦进了大门，主人和泼水者都要来寒暄客套，温言慰问。平坝仡佬族娶亲仪式中也要用水淋，只不过角色互换，变成女方淋接亲者。

仡佬族婚礼中特别动人的是“追姑娘”。务川县的三坑、青坪等地，姑娘出嫁前数日就开始“哭嫁”，不仅要唱遍家中亲人，还要将亲戚邻居，包括教书的、算命的、剃头匠、补锅匠、铁匠、木匠、石匠都一一唱到；临上轿前要乘人不备“逃跑”，娘家女性亲友四处“追赶”，强行拉到堂屋拜祖后塞进喜轿；父亲亲自解开她的领边扣襻，叔子哥弟贴上轿封，将轿子倒退着抬出大门，到屋外掉转方向，再把轿

子抬出院外或村外，才让迎亲者将其抬走……

黔北方言中的“追”有“撵”、“驱赶”的意思。“追姑娘”意味着一场婚礼、一个仪式，自家女儿就成了“泼出去的水”，从此变成“别人家”的人。联系当地包括汉族在内对“嫁女儿”的一些称谓，如“分”、“打发”、“交待”，等等，仡佬族的“追”姑娘，似乎更多地保留了女方家庭迫使姑娘出嫁的比较原始的婚姻形态。

三、有女哭嫁，一歌三天

“哭嫁”是留存于黔北仡佬族的古老婚嫁习俗。仡佬族婚礼的礼仪程序比较复杂，整个婚礼从女方哭嫁到男方花轿进门、拜堂、闹洞房、回拜，往往历时数天，每个程序都有歌谣串联，其中最值得称道的是那动人情肠的“哭嫁歌”，以将要出嫁的新娘为中心，展现出传统仡佬族社会细胞——家庭文化的结构模式，通过姑娘哭嫁和民众听唱哭嫁歌的民族礼俗活动，客观上实现了仡佬族家庭伦理道德规范的传承教育。

出嫁是一个女子人生的巨大转折。通常，仡佬族的新娘在出嫁前三天就开始长歌当哭，用唱词和旋律逐一向父母、亲友、邻里告别。哭嫁歌作为一种民俗，是群体共同参与的活动，整个过程是新娘主唱，其他妇女陪唱，族人乡亲，无论男女老幼都要听唱。这种习俗，对参与活动的所有人都具有积极深远的教育意义。中央民族大学田晓岫教授对道真仡佬族哭嫁习俗作文化人类学分析后认为，通过这种礼俗活动，客观上起到群众自我教育的作用，也达到民族文化传承的效果。

哭嫁歌的首要内容是哭亲人，主要有哭父母、兄嫂、姐弟等唱段，通过出嫁女带有强烈感情色彩的哭诉叙事，强调血浓于水的亲情，理解各自的角色、义务和责任，增强亲人间的亲和力与凝聚力。第二大内容是长辈亲人陪唱，主要有娘陪唱、嫂陪唱、姐陪唱，还有娘劝唱、孃劝唱等，唱词都是嘱咐新娘吃苦耐劳、忍让谦和、待人真诚等，如娘劝唱："我的儿勤快点，莫叫别人说长短。手勤脚快少说话，勤逗人爱懒遭殃。莫贪金来莫贪银，全家和睦日子长。劝儿劝到心掏尽，眼泪汪汪湿衣裳。"既简明易懂，又朴实生动，寓教于情，以情动人。

仡家女子哭嫁　（陈庆军摄）

哭嫁歌第三部分的内容是哭亲戚朋友、左邻右舍及参加婚礼的各种职业者，有哭亲友的伯父伯娘、舅舅舅妈，哭邻里的大娘、姑娘（分已定婚与未定婚）、小妹，哭社会人物的先生（教师）、木匠、厨师、轿夫等，一唱三叹，句句断肠，既表达对帮亲、送亲客的致谢，又表达对各种社会职业者的尊重和理解，这些都是对人进入社会所必需的社会交往能力的学习和训练。如"哭先生"对教师职业的赞美："李树开花一树白，教书先生最有德。桃树开花一树红，教书先生最有功。你教弟子教得好，在的教了七十卯。你教弟子教得真，细的教了千万人。教的弟子美名扬，你就是个好师长。"还有一部分"哭梳头"、"哭穿衣"、"哭上轿"等，通过出嫁前婚礼仪式程序的唱词，客观上强化了对婚礼仪式的生动记忆。

"哭嫁歌"内容千变万化，旋律婉转悠扬，仅仅一个"开声哭"，就唱得百转千回，风情万种："阳雀飞过苦竹林，命定女儿来开声。庚书开走年期到，女儿越哭越伤心。""一张花帕湿淋淋，人间对女好无情。为啥生我是花女，为啥要女来开声?”“看着门前苦竹林，女儿开声诉苦情。苦竹笋子节节高，女儿离娘好伤心。”

接下来是哭亲人——

（哭娘）出嫁女：水有源头树有根，天下只有我娘亲。
你把女儿哺育大，女儿不忘娘的恩。
梨子白菜开白花，你养女儿是冤家。
天上升起五色云，女儿长大外头人。
娘陪：我的幺，我的女，你开声来我泪流。
不是世道兴起走，金钱再多不换你。
（哭爹）出嫁女：高粱秆，节节青，手提花帕喊爹们。
爹为儿女费尽心，女儿不忘爹的恩。
仙桃开花结仙果，花破银钱是为我。
竹篮打水一场空，我爹辛劳空养我。
（哭哥）出嫁女：哥和我是同根生，生死贵贱不同命。
下贱妹子嫁出门，哥在家中为好人。
你的妹子要离娘，往后家事要你忙。
妹去如有好天地，妹驾云彩接哥去。
（哭姐）出嫁女：我的姐呀我的姐，你要常来看老的。
经常帮助哥和嫂，关心小妹和小弟。
你的妹子别家人，三天两天难回程。
姐妹同是一命生，同胞同奶不离分。
姐陪：树上喜鹊叫喳喳，我妹今天要离家。
到了婆家为好人，夫妻和好人人夸。
你要经常去看我，阳雀过山有名声。
姐妹之间常来往，要回娘家同路行。

一切眼中景、心中情、身边人、耳边事都可被“哭”得如泣如诉，被“歌”得尽致淋漓。

哭嫁歌是仡佬族民俗文化的精华所在，是扎根乡土、具有浓郁地域特征和民族色彩的生态文化因子。仡佬族以哭嫁为主要代表，以民族民俗形式为载体，对参与活动者进行多种形式的传统教育，如盘歌、踩蹚舞、打篾鸡蛋等，寓教于乐、寓教于情，从内容到形式都起到了传承民族文化的积极作用。

与哭嫁歌的“哭”有异曲同工之妙的，是婚礼迎娶过程中“四言八句”的亦说亦唱，如递“投书”时——

女方司礼：“你来是何人，手捧书文，恭恭敬敬，自自成成，所为何事，将事告明。”

男方司礼：“我来是递书过通文，不知甚何叶，望你先生好言传德。”

对礼时——

女方司礼：“一杯酒，说个杯盘在手，劝无好酒；说美酒，造美酒，说杜康，造杜康，说个愿来是个江；杜康先生造美酒，不论贫穷家家有；今日有个接风酒，我今不会用美酒；你无可推，请你先生举手端杯。”

男方司礼：“一个杯子在盘中，杜康造酒在壶中；杜康造是葡萄酒，迎宾接客来接风；贵府先生把酒劝，我举手端杯把酒尝；一点天长与地久，二点地久与天长，三点点过接风酒，四点四亲六情也得尝，五点六点无点处，点在我自已口中尝。”

传书过礼时——

男方司礼：“关关雎鸠，在河之洲，我传书子你来收；悠悠鹿鸣，请客是常情，鸟木在庙，你将收去谁喊谁到。”

女方司礼：“你交书子我喊客，我喊得来就领书领酒，喊不来就作

揖捧手。”

和崇尚“诗书传家”的汉文化相比，仡佬族毫不逊色：他们能诗能唱，能酒能歌；“四言八句”，斗智斗巧；询人问事，彬彬有礼；言情论理，有礼有节。就在这唇枪舌剑、你来我往之中，一台喧嚣热闹的普通婚礼顿时变得古朴典雅，饮食男女的世态百相与仪式庆典的庄严神圣奇妙地合二为一，使俗世婚礼成为一场隆重盛大的文化典礼，既是现实人生的嬉戏娱乐，又有神灵巫术的神秘神奇。

第二节　重生重死　石棺石葬

作为贵州最古老的世居民族，仡佬族自称“古老户”，其他民族也尊其为“古老户”。他们的丧葬礼仪古朴奇奥、光怪陆离，往往出人意料、令人称奇。老人去世称“归天”，下土安葬为“送上天”，首领、头人的坟叫“天子坟”，出丧不丢“买路钱”——周围各兄弟民族都承认，仡佬族是最早“开荒辟草”的土著民族，许多神龛上都供奉着他们“地盘业主，古老先人”的牌位。

仡佬族没有“生死轮回”的观念，但信奉“万物有灵”、“灵魂不灭”。仡家人认为，父母的亡灵有三重意向：一是要去与先祖在另一世界相聚，继续过群体生活；二是要像在世一样生产生活；三是会惦记儿孙后辈，不时会回来“探望”。因此，孝子贤孙在为老人举办丧事时，要根据亡灵的意向作出相应安排，从而形成具有浓厚民族特色的丧事礼仪及墓葬文化。仡佬族的丧俗大多与汉族相同，但遵义、仁怀等地，安葬死者前要举行“踩堂”仪式；多数地区要在灵前唱孝歌；亲戚来祭奠，丧家须敬酒致谢。一般来说，安葬时不择日选地，安葬后不立墓碑。

一、祭神祭鬼，祖宗为最

仡佬族的丧事礼仪纷繁复杂，一般有为亡人洗身、换衣、装殓、开路、跷棺、择地、安葬等。其中特别有讲究的是送终、喝救苦水、停丧、报丧、入殓、超度等几方面。

仡佬族老人病危，必须将儿孙至亲召至身边守候，直至气绝举哀，谓之“亲人送终”，以送终者多为有福。如无亲人守候咽气，则是“空亡”或称“落枕空亡”，必须有补救措施“取枕”，否则亡人会时来作祟。可见，在仡家人的意识深处，“敬老”、“畏鬼”与“灵魂不灭”等思想杂糅并存、相互影响。黔西、大方的红仡支系，死者一咽气，孝子要立即带三炷香、三张钱纸、一把水壶到井边汲水，叫做向龙王“买水”。将此水烧热，部分给死者洗脸、洗手脚和身体，剩下的每个孝子喝一口。据说这可使亡人在阴间减轻痛苦，故称“喝救苦水”。若是成人故去，按男左女右停放堂屋一、三、五天不等。但要“倒停”，即头朝大门，脚朝堂屋后壁，俗称“横苗倒仡佬”，这也体现在随后的葬俗中。随着汉文化的影响渗透，许多地方已不始终倒停，只在入殓前按倒停方向佯做一遍，然后再脚朝大门停放，表示既谨遵祖制也顺应潮流。

黔西、大方一带的仡佬族，报丧者由专人拄一根三方削皮的泡木棍前往，但不能直接进入对方家门，而是在远处高呼“有白喜事”，随即将棍插在三岔路口。对方得悉情况，立即拿一条板凳放到路口，边呼亡人姓名边请来人坐下；接着在此杀一只鸡，交代让亡人领牲，谓“杀上路鸡”，并向报丧者敬酒以示酬劳；又将所杀之鸡去毛煮熟，并具酒饭，焚香烧纸遥祭亡灵；然后带上鸡、猪、羊等祭品，随报丧者一起赶往丧家。若是女儿、女婿前去给岳父（母）奔丧，还需让女儿撑着一把纸伞前往。

仡佬族丧仪中，入殓是极其讲究的环节，一般在为亡者洗面沐浴净身后，男性要剃头，女性要梳头，然后为其更衣，衣为单数，裤（裙）为双数，要求是死者生前穿用过的干净衣服，如另做新衣，则需在衣角、裤脚处，用香烧几个小洞。这样，亡者被梳洗得干干净净，穿戴得整整齐齐，“打扮”得漂漂亮亮，高高兴兴如走亲访友般去与先祖相会。接下来的超度也是整个丧事非常关键的步骤，要在祭师主持下完成开天门、指路、跳“踩堂舞”、做嘎、出殡等程序。

仡佬人认为，人死后，灵魂将要飞升上天，必须有祭师做法事为其开启天门，超度亡灵，因此仪式过程烦琐复杂。那么，人生时聚族而居，同宗同族共寨，死后去到幽冥世界，也理应如此；与已故先辈团聚是身后的一种幸福和追求，为使亡人顺利到达天界乐土，就得请与人神相通的祭师为亡灵“指路”，而且必须跳“踩堂舞”。其时，祭师端坐祭堂正中念诵祭词，年轻人给死者跳“踩堂舞”，三个男子一组，分别吹笙、耍钱竿、舞师刀，半蹲着磋“寒鸡步”——舞者身子下蹲，一腿蜷曲、一腿前伸，交替磋跳，边跳边呼“啊……育”。当诵经告一段落，有妇女前来敬酒，踩堂者要一口饮干。同时，丧家妇女及亲友中的女性要“号丧”，为之“孝歌”，诉说死者生前的德行和自己的罪孽，表示悲痛的心情。

仡佬族超度亡人的一项主要而隆重的祭仪是“做嘎”，也叫“做法事”，祭词称之为“经”，有“十二坛经”和“二十四坛经”，“坛”相当于“段”或“部”。做嘎分“冷嘎”和“热嘎”，“冷嘎”做给已葬者，“热嘎”是尚未出殡，趁尸骨未寒而举行的大祭超度，一般是经济条件比较富裕，时令季节又恰当才得进行。最后，将停放数日的死者抬往墓地安葬，民间所谓“出殡”。至此，丧礼程序基本完毕。

整个治丧过程中，“后家”（男性母舅家和女性娘家）都起着决定性作用，如入殓前一定要给死者穿上后家人做的“过山草鞋”；大祭

（“打嘎”）要有后家代表到场“陪神”；出殡要有后家代表出面擎“云梯”，将灵柩送到故地……“后家”在丧仪中具有如此重要的作用，受到格外的厚待倚重，似乎是母系社会某种习俗或古风的遗存。

二、山石旮旯，悬棺崖葬

仡佬族先民的葬俗独具特色，从岩穴葬、石板坟、竖棺葬、倒埋坟、瓮葬、吊葬、石灰坟、砖拱坟到近代墓葬，个别支系实行火葬和水葬，《黔南苗蛮图说》记：“剪发仡佬……人死则积薪焚之。”《溪蛮丛笑》载：“古僚人埋葬死者，输入大河。”这些古老的葬俗遗迹，在黔北道真、务川及川南珙县等均有发现。生活在大山之中的仡佬族，生生死死都离不开大山，死后埋葬也多选在山洞、峭壁、悬崖等地，从而形成特殊的民族墓葬结构。

远古先民最早曾寄身山洞，这在世界各民族的心灵深处都留下了不可磨灭的集体记忆，尽管人类早已走出洞穴，但原始思维印记使仡佬人认为，将亡故之人安放洞中与先祖同在天经地义。因此，终生以山为家、与石为伴的仡佬族，在古代实行崖穴葬与石棺葬，近代虽有木棺石椁土葬，但崖穴葬和石棺葬仍有遗存，且土葬必以石垒为标志，坟头要栽黄杨树，坟前要栽梭罗、桂花等象征好风水的树木。石头陪伴了仡佬人含辛茹苦的勤劳一生，铸就了仡佬人坚硬如山的性格，也接纳了仡佬人尘世生命的最终归宿。

仡佬族旧俗要用“蛋卜”来选择墓地：做一木球，上掏小孔，内放鸡蛋，长孝子一手握木球，一手持木棍敲棺七下，自左至右绕棺三圈，其余孝男孝女各捏一把草，孝女盘坐地上哀哭。绕棺完毕，长孝子往山坡上抛木球，任其滚动，以蛋破处为墓地，挖坑埋棺垒坟。

因坟地多在山坡，所以出殡也叫“上山”。孝子执“引魂幡”引灵柩前行，亲友紧随送葬。墓穴用石板或石头砌成，因此也叫石板坟，石板上刻饰花卉鸟兽、人物故事、楹联墓志等，非常讲究。当棺材放入墓穴，要用布幔遮住四周及顶部，然后打开棺盖，孝子象征性地整理死者的衣物穿戴，称为“清棺”，盖棺后以石板盖顶，孝子添土掩埋，众人一起动手垒坟。织金、遵义、清镇等地还有“砍夏”（杀牛献祭）习俗，叫“做亡斋”，可安葬时做或以后才做。务川、道真、遵义一带，新坟安葬的半月内，须每天上坟点香烧纸“照亮”；而无论新坟老坟，清明节前后十天内都要上坟“挂青”，除夕夜和正月十四晚上，也要上坟“点灯”或叫“亮坟”。

棺木放入洞穴称为“岩穴葬”、“崖穴葬”。《华阳国志》记：“有濮人冢，冢不闭户。”黔北一带的岩穴墓葬，大致有三种类型：在天然岩穴中置棺，不施蔽盖，当地称之为“岩棺”；在岩壁上人工凿成洞穴，将死者棺柩葬于其中，称为“先人洞”；在岩穴内置棺，以土石垒砌成坟，当地称为“岩腔坟”或“岩礤坟”。《行边纪闻》载：“仡佬……殓死有棺而不葬，置之崖穴间，高者绝地千尺，或临大河，不施蔽盖。”

崖穴葬有自然穴洞和人工凿穴两种。人工穴分崖上凿穴、石板镶穴、石灰竹竿拱穴、土砖拱穴数种。石板镶穴又有“文书桶”、“筲箕形”、“明堂”、“响堂”、“暗椁”等形制，可父子婆媳共茔。石棺用石板砌成，一般葬于土墟、山顶、溪岸，也有葬于乱石丛林的。现存崖穴葬较著名的是道真县三会乡青球崖墓穴群，在陡峭的崖壁上开凿出排列有序的墓穴，穴中以石镶嵌墓廓，排列整齐。道真县王寅亮的墓，以青石建制，墓前壁雕刻为牌坊，总体若宝塔，分 3 层，底层置 3 个墓门，上雕历史人物、花草鸟虫，顶檐额浮雕凤凰。二层 4 柱 3 门，刻民俗故事。三层中间两柱透雕蟠龙，两侧雕凤凰展翅。雕工精致，设计巧妙，施于壁立峭崖，疑为鬼斧神工，龙凤花草及人物故事皆栩栩如生，跃然眼前，师法自然，源于生活，可谓技艺高超、浑然天成。

仡佬族的墓葬朝向特殊。一般墓葬以头枕山峰、脚向山脚为顺，应该“头上脚下”，仡佬族则相反，脚朝墓地所在山坡的顶峰，“头枕空，脚登山”，位置颠倒，变成“头下脚上”，这是就山形地貌而言，也可理解为“脚朝里，头朝外”，据说这是因为“回龙向，吉利多”。这种葬式在贵州境内较为普遍，俗称“倒埋坟”，民间所谓“横苗倒仡佬”，说的就是苗族、仡佬族墓葬朝向的这个特征。古代仡佬族还有头向天、脚站地，“竖而埋之”的竖棺葬，《魏书·僚传》载：“僚……死者竖棺而埋之。”其实，无论“竖葬”还是“倒埋”，都寄托了生者渴望亡灵尽早“升天”的美好愿望。

另外“石灰坟”也是仡佬族早期墓葬形式之一，以石灰拌细砂或煤砂浇糊墓室，务川、道真境内，至今仍有多处遗迹，人称“灰罐”或“苗罐”、“蛮子罐”（苗、蛮均系泛称）。

仡佬族的墓穴不仅要安放死者的肉身，也寄寓着生者对未来的期冀和祝福，过去的“衣食卜”即是基于此的一种仡佬族特有的占卜习俗。“生基坟”（坟主健在）封闭墓门之前，墓主儿子每人准备一个碗，内装五谷杂粮及用线缠绕的一枚鸡蛋，清扫墓室后放碗于内，封闭墓门。待墓主亡故入殓开启，孝子取出当年存放之碗各自观察。若碗内之物化为清水，表示该孝子一家丰衣足食发达兴旺，这位孝子便高兴地将此水一饮而尽。要是碗内东西干涸污浊，则预示碗主不发达，会衰败。这样的占卜方式既不科学又不卫生，充满神秘色彩和迷信思想，今人早已不行，只作为旧俗故事流传民间。

仡佬族以前不立墓碑，只在坟前栽树，松、柏、黄杨、桂花均可，主要是象征好风水。清代以后，墓葬受汉文化影响，土葬渐渐取代石棺葬，并仿效汉族立石碑，或在坟前垒三块石头为标志，名曰望山石；或在坟顶栽一长石，露土一尺，男左女右；有的还要装一壶甜酒放在坟顶，上用石块盖口，称为万年壶。

终年云缠雾绕的云贵高原，山峦蜿蜒起伏的喀斯特地貌，是仡佬

族世世代代的栖息之地，也是他们祖祖辈辈的安身之所，他们生于斯、长于斯、埋骨于斯，“以山为家，以石为冢”就是他们生生死死的生动写照。他们独创的多姿多彩的墓葬形式，堪称我国西南地区墓葬型制的“博览馆”，既可窥见夜郎、巴蜀、楚湘文化的交汇融合，又可探寻西南山区墓葬文化嬗变演进的历史轨迹。

第六章

日新月异的仡佬族经济

云贵高原上绵延起伏的大山，赐予了仡佬族优越的自然条件，使他们自耕自足、自产自销。然而，重重大山又是一道道天然屏障，阻隔了山民与外界的交往，形成经济开发的诸多障碍。关山阻隔，交通不便，信息闭塞，使仡佬人长期处于落后封闭状态，生产力久久停滞在自给自足的小农经济水平。学者张合荣认为，贵州古代社会经济发展缓慢的原因表现为四点——生态环境：优越生态，造成社会发展的缓慢；狩猎采集：使农业得不到发展；无水利工程：高原地形，少水害，人们共同体间无协作；社会组织：自身构成。这也可以看作仡佬族社会经济发展缓慢的主要原因。

第一节　石中刨食　天赐奇木

在自给自足的小农经济时代，仡佬族靠山吃山，自产自用，依靠大山的赐予维持生计。在生产方法和耕作方式上，很长一段时间都是刀耕火种、肩挑背扛、广种薄收、靠天吃饭。种植的大多为高山耐寒耐旱植物，如包谷、荞子、红苕、土豆、辣椒等。狩猎与采集也曾是仡佬人主要的生产生活方式。捕获的飞禽走兽、采集的药材山珍除自

己享用，还可以物易物，换取生活必需品。

和“小桥流水人家”的理想桃源、世外风情相比，和“白云生处是我家”的自得自满、自矜夸耀相比，和“狗吠深巷里，鸡鸣桑树颠”的井然有序、怡然恬淡相比，仡佬人赖以为生的家园，让人感触最深也最无奈的，是土地的贫瘠和日子的困窘。这里到处都是高山大川、深沟巨壑，鲜有平畴阔地、肥田沃土，加之道路不通，交通不便，信息不畅，科技落后，山中的人们千年无止地日出而作，日落而息。但土地回报给仡佬人的却是一成不变的贫穷与饥饿，“人无三分银”就是当年不争的严酷事实，也是艰辛劳作的仡家人生活的真实写照。

一、粮食种植，艰苦卓绝

喀斯特土地上，最醒目突出的是连绵不绝、无穷无尽、满山遍野的大小石头。石头也就成了仡佬族唾手可得、任意开采、尽情享用的生产生活原料：石房石屋、石墙石瓦、石桌石凳、石桥石路、石刻石雕、石磨石臼、石刀石斧……甚至石棺石坟，这里简直就是石头的国度，到处都是“疯狂的石头”，虽然缺少石头带来的生命狂欢，但在漫长的岁月流光里，却从不乏磐石般的生命硬度和蛛丝般的生命韧度。这里应该有世界上生命力最顽强的植物——生命从石缝中迸发出来，毛细血管般的根须紧紧地黏附在石头上，努力向上攀援，羸弱无助地裸露却是不动声色、绝不放弃的生命探寻，一遇缝隙就深深扎下去，仿佛紧紧抓住的希望，构成令人敬仰又叹为观止的生命奇迹。

仡佬人自明代开始种植水稻、玉米、小麦等粮食作物，其主食是大米和玉米，兼食小麦、红薯、土豆等面粮杂食。然而土地的贫瘠、石头的坚硬、大山的苍凉、水源的枯竭，使得田中的庄稼总不能如其在鱼米之乡或天府之国那般颗粒饱满，连年丰收。如此艰难的生存环境，不但丝毫无碍他们对家乡山水的纵情讴歌，对故土亲人的热烈赞美，而且造就了他们大山一样博大宽厚的胸怀和石头一样坚韧质朴的性格。他们一如既往地对家园一往情深，赞美那贫困却无怨无悔、勇敢面对的父老乡亲，他们面朝黄土背朝天的辛劳、流淌的汗水和酸涩的泪水、苦难中凝结的生存智慧以及永不言弃的民族性格。穷困是一种悲哀，更悲哀的，不是人的疏懒，而是土地自身固有的贫弱。山石缝中那一点可怜的泥土，薄、浅、瘦、少。人们赖以生存的土地，只有一种与生俱来、无力摆脱的苍老和贫瘠。都说天道酬勤——勤劳致富、勤能补拙，但在这与世隔绝的“白云”深处，在这人迹罕至的高山之巅，贫穷与勤劳如影随形却难以调和，这是一对无法逆转的悖论，因此也就绝难改观既存的困境。

然而，如此恶劣的生存条件，仡佬儿女的一腔赤子之情却海枯石烂，苍天可鉴。他们没有半句怨言家乡的“穷山恶水”，从不抱怨吃饭靠天的“望天田”，也从不嫌弃透风漏雨的“茅草棚”。儿不嫌母丑，谁能选择父母和故土？再穷再苦，再破再旧，那里都是生我养我的故乡热土，是寄存肉身、安放灵魂的家园，都有铭刻终生、永志难忘的精神印记。因此，仡佬儿女战天斗地，改天换地，以一颗汗珠摔八瓣的勤劳，以巧夺天工的双手，以卓绝超群的智慧，将穷乡僻壤打造成了原生态、纯天然的绿色环保之乡，从单一的农耕经济到农林牧副渔的多种经营，仡佬族与各民族一样，与时俱进，奋发图强，走进一个繁荣富强的新时代。

伴随日新月异的时代变迁，反映沧桑巨变的民歌民谣也新鲜出炉，“仡家富得快，烤烟加油菜”。便捷的交通带动经济的腾飞，仡佬族从“石中刨食”的缺吃少穿，经过艰苦卓绝的辛勤劳动，最终达到自给自足的丰衣足食，他们的日子芝麻开花节节高，锦上添花步步强。曲曲折折的十八弯山路，已被仡佬人走成了宽敞明亮的富裕路、幸福路。“穷则思变”。改变山乡面貌和自我命运的，除了劳动的双手，还有时

代的巨擘。躬逢盛世，家之幸、国之幸、民之幸。

二、经济作物，珙桐银杏

地处中亚热带的仡佬族聚居区，因自然环境复杂，气候温暖湿润，虽不适宜粮食作物的生长，却适宜各种经济作物的生长繁殖，品种类别繁杂多样。有各种各样的乔木、干果和各类野生水果、经济林木、木本花卉、灌木及藤本植物、蕨类、草本植物等，用材林有楠木、香樟、紫楠、枫香等，还有薪炭林、经济林以及竹类、药用植物等。

在这些种类繁多的林木中，珙桐、蚕果树、闽楠、红椿、樟树、银杏、红豆杉、罗汉松、隐花松、鹅掌楸等都是国家重点保护的珍贵树种。特别是银杏和珙桐，是被誉为“活化石”的中国独有树种。

银杏：千年银杏雌雄花，“植物熊猫”誉中华

银杏树又名“白果树”，古代也称“鸭脚树”或“公孙树”。远在二亿七千多万年前，银杏的祖先就已出现，和当时遍布世界的蕨类植物相比，它可算得上是进化完美的“高等”植物。到一亿七千多万年前，银杏已和称霸世界的恐龙一起遍及全球。后来，绝大部分银杏和恐龙一样销声匿迹，只在我国部分地区零星保存，繁衍至今，遗世独立，风华绝代，成为世所罕见的珍稀之宝。野生银杏现仅存于浙江天目山和贵州务川一带，故有“活化石”、“植物熊猫”的美誉。现因科学技术的进步，人工培植的银杏“儿孙满堂”，枝繁叶茂，公园、厂矿、学校、街道……到处都有它们俊俏曼妙的身影，以及年年岁岁如约而来的花信与果香，此乃真正的多子多孙、多福多寿，让人艳羡感慨，赞叹生命的顽强和神奇。

银杏是裸子植物银杏纲唯一存留下来的一个种。树分雄雌，雄树只开雄花，雌树只开雌花，受精后才会结出珠圆玉润的白色果实，称为“白果”。果肉饱满，味道微苦，但清肝明目，滋糯养人，仡佬人喜用土鸡与之同炖，汤鲜味美，滋补养颜，乃餐中上品，特别适合女性；或与当地盛产的百合、青椒清炒，爽目爽口，是一道众口交赞的家常菜。当然，也可带壳炒熟零食，那就真是昂贵的“山珍”了。

银杏树作为世界珍贵树种之一，与雪松、南洋杉、金钱松一起，被称为世界四大园林树木。在中国传统文化中，银杏被赋予坚韧不拔、独立不羁的品格和美德，成为与松、竹、梅一样具有某种象征意义的观赏树。秋季是欣赏银杏的最佳时节，高大笔直的树干、黄绿相间的树叶、星罗棋布的白果，艳阳高照、秋风微拂，片片落叶如群蝶翩翩起舞，别具情味，引人遐思。银杏不仅以其俊美挺拔的身姿、玲珑奇特的叶片而具有极高的观赏价值，银杏的适应性也很强，药用功效大，经济价值非常可观。

生机勃勃的务川野生银杏　（冉从茂摄）

珙桐：材质优良作用大，满树奇葩“鸽子花”

珙桐别名“鸽子树”，落叶乔木，是一种鲜为人知的珍贵稀有树种，它最为人称道的，是奇异漂亮、完美无瑕的色泽与花形，从花瓣的颜色到花絮、花蕊的造型，活脱脱一只振翅欲飞的白鸽直上蓝天：白色大苞片似强劲有力的鸽翅，暗红色花序如灵动的鸽头，绿黄芭柱头则像极了鸽喙。盛花时节，春深似海，忽如一夜春风来，犹如群鸽

栖满枝头，唧唧咕咕，言笑晏晏，昂首啸天，蔚为壮观，被誉为“中国鸽子树”，极具观赏性，因此，珙桐也是世界著名的珍贵观赏树，常植于池畔、溪旁及宾馆、广场、疗养所、展览馆附近，并以“和平”的寓意象征广受欢迎。珙桐材质沉重，既是建筑的上等用材，也是制作家具和雕刻产品的优质原料。

除丰富的植物资源外，仡佬族聚居区的矿产资源和水利资源也极为丰富。全国仅有的两个仡佬族苗族自治县，都坐落在云贵高原的大山深处，在黔北的崇山峻岭中，蕴藏着丰富的矿产资源，如汞、煤、重晶石、高岭土等，其中汞和煤是最主要的矿藏。随着现代交通网络的逐步深入和日趋完善，这些深埋地下数亿年的无尽宝藏，正源源不断地运往祖国的四面八方，汇入到现代化建设的滚滚洪流，参与铸造一个日益强大、繁荣昌盛的伟大中华。

第二节　采砂炼丹　古韵流长

仡佬族是一个崇尚丹砂的民族，在中国文化史上，仡佬族无可争议是发明冶炼水银的民族，他们最早掌握了采砂炼丹的技术。早在公元前 11 世纪，先民濮人就把自己开采的丹砂奉献给中原王朝。《逸周书·王会解》记：“成周之会，……卜人以丹砂。”《溪蛮丛笑》记：“辰锦砂最良……万山之崖为最，仡佬以火攻取，名辰砂。”万山即今贵州省万山特区，有中国汞都之称，其水银储量及产量均居国内首位，名列世界第 3 位。时至今日，远在国营汞矿之外，居于深山之中的仡佬族，仍然按照祖传的经验和工艺，用土法技艺“采砂炼汞”，但设备简单、方法原始、产量较低。

丹砂是仡佬族追逐的财富梦想，也是他们不变的精神信仰，他们世代的荣辱悲欢都和神秘的丹砂血脉相连，于是，丹砂成为民族记忆中挥之不去的一抹血红，同时也烛照民族历史中难以超越的一段辉煌。“丹砂是他们精神的信仰，病痛的妙药，驱魔的利器。仡佬族人相信，丹砂可以照亮一切的黑。即便是通往冥界的逝者，也得靠丹砂的灯引才能到达。”

远在遥远的新石器时期，仡佬先民就在云贵高原的最深处，在他们繁衍生息的土地上，以水淘砂，以火制汞。水的澄澈、火的热烈、砂的血红、汞的晶莹，从此开始了一个民族神奇的创造，开启了一个民族独具的智慧，也开创了一个民族悲壮的历史。这时，丹砂是信仰更是灵药，与财帛富贵、名利地位无涉无关。因汞生于丹砂又可还原成丹砂的神秘，圆润剔透、深沉凝重的水银成了“轮回”与“不死”的象征，也成了世代君王梦寐以求的长生仙药。据明嘉靖《思南府志·风俗篇》载，安详静谧的仡佬山寨，一时之间“商贾辐辏”。商周时期，仡佬先民濮人被迫以丹砂等地方特产向商王朝进贡，至春秋战国，沉重的赋税使濮人不断暴动反抗。《左传》云：“庸人率群蛮叛楚，楚师灭庸。”庸人即庸州之人，时属楚国黔中地界，即今贵州省务川县境内，与巴国南境相邻，濮人在庸人率领下叛楚，最终被楚灭同化。此后，历代争地战争均与濮人争夺朱砂水银相关。矿山的争斗与残酷的民族歧视，使仡佬族屈居蛮荒之地，被迫“采砂为业、刀耕火种，以泥封门”，“得兽先祭鬼而后食”，过着开山辟草、以葛为布的生活，一座座盛产丹砂水银的大山，成为仡佬族困守在历史深处的繁华背景。

传说仡佬族祖先因向周武王敬献丹砂而被封为“宝王”，后被族人尊为“宝王菩萨”。这个传说历来有两个版本：一说宝王在拓荒时挖出元宝状的朱砂石块，于是呈献皇帝而被封为“宝王”；二是说很久很久以前，一群濮人在江边捕鱼，拾到一些红色石头，游走的商人知是朱砂而高价购买。利益所驱，濮人开始争先恐后捡拾朱砂，并当作宝贝进贡皇帝，濮人首领因此被封为“宝王”。民间流传的“狗大佬棺”的

故事，就是说狗大佬倌因受宝王护佑才打到富矿，这使每一个采砂人都相信，宝王就是保佑他们采砂致富的菩萨，因此纷纷在盛产丹砂之地建宝王庙祭拜。

务川仡佬族采砂炼汞技艺·炼汞　（邹进扬摄）

务川自古以来就是少数民族的聚居地，也是仡佬族的发祥地，因“婺星”陨石降于此而得名。从隋开皇十九年（599 年）置县至今，已有 1400 多年的历史，素有“仡佬之源、丹砂古县、铝土矿都、野银杏之乡”的美称。据大坪镇江边汉墓出土的丹砂推测，务川的采砂炼汞至迟可追溯到汉代。隋唐时期，务川仍以丹砂为主要贡品，《务川县志》载：“隋大业十年（614 年），黔中太守田宗显于务川岩峰脚等处开采水银、朱砂，向朝廷纳课水银 190.5 斤。”《思南府志·风俗篇》记有“采砂为业”，下注“务川有板场、木悠、岩前等坑，砂产其中。……为银砂，居人指为生计。岁额水银一百六十斤入贡。而民间贸易，往往用之比于钱钞焉”。

务川仡佬族采砂炼汞技艺·清洗朱砂　（邹进扬摄）

务川因采砂炼汞而曾名重一时、富甲一方，但随着农村产业结构的调整，加之近年来国家对矿山安全和环境保护管理的加强，民间采砂炼汞的取缔是历史必然，采砂炼汞技艺面临消亡的危机。但“宝王菩萨”的祭拜习俗作为一种文化遗存沿袭至今。仡佬先民在世代采砂炼汞的生产活动中，不仅创造了形态丰富的物质文明，也创造了独具特色的丹砂文化，宝王祭拜即是其一，主要有小祭、大祭、年祭三种形式。

小祭是采砂人的日常祭拜，一般在矿洞前举行，祭品主要是猪头——须正对矿洞方向，两炉香插进猪鼻孔，另有三盅酒和数串纸钱。祭者面向矿洞虔诚祷念：“天炉神，地炉神，家坛香火不安宁，灶王府君不洁净，灶后夫君敬炉神，天上有十二神仙下界，地上还有四角地神，宝王菩萨做主，土地公公有名，要保佑我家在金钱山打发槽子，要保佑我家人身安全，左打左发，右打右发，天天发，年年发，四季

大发。”然后焚烧纸钱，敬酒三杯，继续祷念：“许您猪头十八斤，美酒三杯，长钱十二束，板板银钱几十万。”据说，拜祭时心诚，宝王菩萨就会显灵托梦告诉发槽子所在。

大祭是一种还愿祭拜，因采砂前就向宝王菩萨许过愿，如“宝王菩萨保佑我打发槽子，打了发槽子，大点给你砍个猪脑壳”之类，也有许下整猪拜祭的。民间传说宝王有灵，你许得起他就要得起，因此还愿祭品必须是所许之物。还愿祭拜的地点在宝王庙，一般由专职祭师进行，场面隆重热闹，祭拜完毕，主人家把猪头煮熟，邀请全寨共同分享宝王菩萨带来的好运。而年祭就是过年过节的祭拜，形式简单，如同祭拜祖先一样，在年三十夜、大年十四、“月半”等节日，到宝王庙烧钱上香即可。若没有宝王庙，到山上选一处石多之地或一块大石头也行。

采砂炼丹的悠久历史造就仡佬族独有的“丹砂文化”现象，“宝王祭拜”民俗因笃信丹砂福佑而形成对“丹砂红”的普遍推崇。如安葬死者要放砂于棺，后因朱砂昂贵稀缺，便在棺底铺层红布代替。仡佬族忌鬼信巫，面对自然灾难，常以为是鬼怪作祟，喜用丹砂碾成细末与油或胶调成红色颜料，涂于法器、猎具、门柱等用具上，作为驱鬼降魔的法物利器。甚至连食品也喜欢点染红色，如泡粑、酥食、麻饼，都有圆润俏皮的一点艳红。沿袭至今的干栏式民居，房屋正面仍饰以“丹砂红”，成为“丹砂文化”独有的亮丽风景。

沿着洪渡河谷的采砂炼汞之路，仡佬人终于走出重重叠叠的高山峡谷，丹砂的血红不再是沉重的梦魇和痛苦的记忆，而是浸润了共和国旗帜的鲜艳色彩，并与共和国的命运休戚与共。宝王祭拜是仡佬族族群崇拜和祭祀的一种活动，承载着许多重大历史文化信息和原始记忆，集中展示了仡佬族源远流长的丹砂文化，是仡佬族独特历史文化显著个性的具体表现。但随着农村产业结构的调整，仡佬族个体私营采矿炼汞已被取缔，其经济活动呈现多元化的发展趋势，丹砂文化作为一种古老的民俗文化活动被一代代传承。

第三节　雕木打铁　各有所长

仡佬族的民族工艺有自己的鲜明特色，即突出的地域特征和民族风韵，无论冶铁炼汞还是制造青铜器，无论刺绣竹编还是染织雕刻，都有不俗的表现和成就。民间普遍盛行的剪纸艺术，也是游龙飞凤，活灵活现，花鸟鱼虫，神形兼备，山水云霞，栩栩如生，或布置新婚洞房，或装饰服饰用具，或美化居室环境。仡佬人的木雕石刻成就极高，几乎就是民族的“特殊符号”和“文化记忆”。洪渡河流域，众多仡佬族古墓石雕、民居窗花、神龛中出现的大量飞鸟图案，即是仡佬人对民族文化守望姿态的集中体现。

一、雕刻竹编，卓尔不群

雕刻：木雕石刻手艺巧，“浮雕”“镂花”走飞刀

仡佬族的木雕、石雕历史悠久，造型生动，多以龙凤蝙蝠、狮虎麒麟等瑞兽及花雀鱼虫、神话传说为题材，图案极富装饰性，且都寓意吉祥。雕刻手法细腻，技艺精巧，或浮雕，或镂花，雕于木，刻于石，饰于厅堂或石墓牌坊。

木雕、石刻、砖刻是仡佬族传统的雕刻艺术。木雕见于梁柱、门、栏杆、戏剧面具、匾额楹联、桌椅、牙床、衣柜等。图形千姿百态，有山川景物，也有风俗传说，有模拟自然形态的狮虎蝙蝠、花鸟鱼虫等飞禽走兽，也有夸张想象的龙凤麒麟、神魔鬼怪等神话故事。民间食品“酥食”的印模多用梨木雕刻，传统图案常取材于三国、封神、水浒、西厢、红楼等人物或故事，技法分“浮雕”与“镂花”。石刻多

见于石墓、石碑、石牌坊、石桥梁、石栏杆、石水缸等，以列为重点文物保护单位的安顺文庙龙柱、务川桃符石牌坊、道真王寅亮墓等最具代表性。砖刻往往见于庙宇、阁楼、祠堂等古建筑中，可惜保护多有不善，损毁较为严重，现已难得一见。

竹编：敬竹爱竹崇拜竹，吃竹用竹编织竹

竹是仡佬族的图腾，是和仡家生命血脉相连的“高贵”植物。《仡佬族古歌·送祖》在叮嘱祖宗时说：“大路旁边有竹子，小沟旁边竹子生。弯弯冲冲的竹子，山头坡尾竹子生。四面八方有竹子，满山遍野竹子生。每片竹子棵棵大，每窝竹子棵棵高，高竹会走路，大竹会说话。今天你们来饮酒，竹子就在那里等。它指你们把路过，站在路后看你行。竹子扁担轻轻放，竹子拐杖好好存。走出走进全靠它，它是告佬的竹王，它是我们的先人。出门做事它会讲，出门做事它会说，会讲会说是竹王，我们世代敬供它。竹王万世保佑我们，告佬家家享太平。”竹图腾崇拜所体现的地域物产特征已经深入到仡佬族的生命本质。

漫山遍野、种类繁多的竹既是仡佬族养身活命的“食材”，也是取之不尽用之不竭的生产原料，身为“竹王”后代，仡家男子几乎个个都有一手“竹编”绝活。他们把竹剖为薄片或细丝，编制竹席、竹笠、竹椅、竹凳、竹几、竹箱、竹篮、竹箩、竹筐、竹米仓（俗称趸萝）、竹背篼、竹簸箕等，拿到市场出售，深受附近各族人民的喜爱。

仡佬族还有一种特殊技术，将新砍下的尺竹烤热，用牙撕下一缕一缕的细竹纤维，称为“竹麻”，将其搓成竹索，耐水耐磨，常用作犁耕时的牛牵索或引舟渡河的竹索，亦可作为竹索桥的制作材料。毫不夸张地说，他们的“作品”早已远销海内外，如务川丰乐黄都乡出产的水竹凉席，图案美观，又可折叠，携带方便，20 世纪 50 年代即已出口印度和印度尼西亚；务川环城区杨村乡珍珠峪村编织的竹席畅销省内外。遵义地区的一支仡佬族，以擅长编制竹簸箕闻名，直接被称为“打簸箕仡佬”。藤编发展较晚，以藤椅为主；麦草编织以草帽为主，历史较久，如今产量极少，又多为外来的篾丝草帽取代，此项工艺已处在衰微之中。

易生易长的竹以及娴熟精湛的竹编工艺，撑起了仡佬族经济的“半壁”江山。竹，无愧于仡佬族永远的图腾。

二、炼铁铸造，技艺高超

仡佬族较早掌握冶炼和锻造技术，他们擅长冶炼铸造铁器和铜器，古代墓葬发掘出土的很多铜釜、铜发钗、铜扣饰等就是明证，史书有关仡佬族铜鼓和铜釜的记载也很多。用青铜铸造的铜釜用于炊具，铜鼓则用作乐器和礼器。用铁主要铸造农业生产及生活用具，如犁、刀、锄、铁锅等。此外，他们在锻造技术上也达到很高水平，如仡佬族地区发掘的西汉墓葬中出土了很多剑、刀、镰、矛等，可见其打制技术的精良和悠久。

炼铁：打铁仡佬本领高，铁刀铁斧铁锄锹

仡佬族擅长冶炼铁矿，铸造铁器。他们用土法冶炼铁矿石成生铁，然后浇铸铁铧、铁锅、铁镰、铁刀、铁斧、铁锄。他们甚至还能用土法炼制熟铁和钢，所锻制的铁器质地优良，压钢多、淬火好、锋利耐用。

历史上，有一支仡佬族，依靠祖传的打铁工艺维持生计，手艺超群，信誉极高，被专称为“打铁仡佬”。《黔记》载：“披袍仡佬在黎平州多佣铁工。”清黎平州即今黎平县。《大定府志》记：“打铁仡佬散居平远州诸寨。”清代平远州治在今贵州省织金县，大定府治在今贵州省大方县，这里的仡佬族铁匠打铁技术精湛，产品深受附近各族人民的喜爱。水城、郎岱、镇宁等地也有许多专靠打铁维生的仡佬族。

铸造：铸铜为器是仡佬，祭祀大典铜鼓敲

仡佬先民特别善于制作青铜器。1978 年贵州省普安县青山区铜鼓山就发现过古代青铜冶炼的遗址。普安汉晋时属谈稿县，《华阳国志·南中志》记当地“有濮僚”，本为仡佬先民的聚居之地。仡佬族铸造青铜器的记载屡见史书，《魏书·僚传》：僚人擅长“铸铜为器，大口宽腹，名为‘铜爨’，既薄且轻，易于熟食”。他们还曾拥有和使用铜鼓。铜鼓是西南地区古代民族贵重的礼器，象征财富和权力。1957 年，在贵州赫章汉代墓葬出土过辅初铜鼓和赫 M153 铜鼓，鼓型属“石寨山式”，被定为夜郎时代文物。沿袭至唐代，夜郎后裔东谢蛮“赏有功者以牛、马、铜鼓”，“会聚，击铜鼓，吹角”。后因社会动荡，铜鼓逐渐流失，但有关铜鼓的习俗传说仍有保留。如今某些地方的仡佬族，在祭山祭祖吃新等隆重盛大的民族节日，仍要敲响铜鼓，让久远的历史足音，伴着袅袅炊烟，回绕在仡佬山寨的村口路旁，屋顶树梢。

第四节　打工杀广　发展经济

“杀广”一词广泛盛行于广大仡佬族地区，乍看有点莫名其妙，让人摸不着头脑，外地人或许不明就里，其实“杀广”就是“打工”，青年男女，壮夫巧妇，呼朋引伴，三五成群，浩浩荡荡直奔“广东”，而广东已成东部地区的一个代称，包括长江三角洲和珠江三角洲一带，其确切含义就是“杀向广东”，要在富裕的东部和贫困的西部之间开一条通道，架设一座“经济桥梁”。“杀”在当地语义中可表示“去”的意思，“杀到哪里”就是“去到哪里”，只不过感情色彩更强烈，表达方式更直白。人口的迁移既促进了人口流入地区的经济发展，满足了对劳动力的需求，也提高了人口流出地区的收入水平，改善了发展条件，实现“供”与“需”互利互惠的双赢。

随着历史的进步和社会的向前发展，传统的生产生活方式显然已不能满足日新月异的急剧变化，曾经的农耕经济纷纷解体，曾经的劳作方式已不能顺应时代嬗变，新的机遇、新的挑战、新的困惑，年轻一代的仡佬族子弟，用“杀广”一词，诠释他们的人生，诉说他们的追求。

然而，“杀广”并不是他们的信念，也不是他们的理想，科学合理地开发自己的家乡，让仡佬人世世代代生活的大山富足起来才是他们的最终理想。

上苍赐予仡佬人的宝贵财富，往往藏身于深山大川、千沟万壑、山环水绕，要想致富就需要通向外面精彩世界的康庄大道，常言道：“要想富，先修路。”如今，交通的大力发展给仡佬族经济带来巨大变化。

仡佬族聚居区多为高原山区，山高坡陡，少有平地，古语“跬步皆山”，正所谓开门见山。崇山峻岭，山水阻隔，在这盘旋往复的山路上，上上下下，十八弯山路不到头。新中国成立前，仡佬族男女老幼一年四季皆打赤脚，或穿自家编织的草鞋。为便于在遍布荆棘碎石的山道上行走，他们每天用烧得滚烫的桐油擦脚，以增厚脚底的硬皮。山高水深，坡陡路险，在山路上负重远行，他们常随身携带一根形如钉耙的“拐耙子”，累了就随地用这根木拐作为支点站着休息，直到恢复体力可以继续前行。

新中国成立以后，特别是20世纪80年代以来，政府大量投资，百姓出工出力，开山凿洞，跨河架桥，一条条阳关道使得“天堑变通途”，基本实现了“村村通”工程，翻山越岭不再令人望而生畏，世世代代居住在大山深处的仡佬族，迎来送往如履平地，走村串寨安车代步，肩背手提、牛驮马运的悲苦日子已是历史。遥想当年，黔北作家

石定的小说《公路从门前过》，通车通路的惊喜犹历历在目，作者因此荣获 1983 年全国短篇小说奖；而今，面对四通八达、纵横交错的现代交通网络，仡家儿女微笑莞尔，只能向孩子“忆苦思甜”，向孩子的孩子“话说当年”。

盘山公路为仡佬族带来腾飞的希望　（冉文玉摄）

有了路，就有了经济腾飞的希望。随着仡佬族地区基础设施建设的突飞猛进，城乡面貌发生着巨大的变化。城镇化日新月异，乡村基础设施建设步伐加快，改革开放深入推进到仡佬族地区的每一个领域和角落。2011 年，仡佬族聚居的务川县全年完成地区生产总值 25 亿元，是 2006 年的 2.3 倍，年均增长 18.9%；人均生产总值达到 7651 元；规模工业增加值完成 1.85 亿元，是 2006 年的 6 倍，年均增长 42%；全社会固定资产投资完成 30 亿元，是 2006 年的 4 倍，年均增长 31.8%；全社会消费品零售总额完成 6.8 亿元，是 2006 年的 2 倍，年均增长 16.6%；城镇居民人均可支配收入完成 11 290 元，是 2006

年的1.8倍，年均增长12.6%；农民人均纯收入实现3330元，是2006年的1.8倍，年均增长11.9%；金融机构存贷款余额分别达37.99亿元、15.06亿元，分别是2006年的3.8倍和2.8倍，年均分别增长30.9%和24%。展望前景，崇山峻岭、深沟巨壑中的条条“天路”，蜿蜒盘旋，躬身迎候，不仅迎回了已经走出去的仡佬人，更迎来了世界各地的“天外来客”，一路前行，观赏沿途绝佳风景，体验仡佬族的“绝地”风情，优哉游哉，不亦乐乎！更何况，这里还有“转折之城、会议之都”遵义的红色旅游，有徒步原始森林的绿色旅游，有野外生存体验的探险旅游……旅游大潮势必带动相关产业的全面发展，仡佬族经济的发展如日中天，经济的腾飞指日可待。仡佬人热闹红火的好日子美着、长着呢！

常言道：一方水土养育一方人。钟灵毓秀的山水孕育了云贵高原独有的地形地貌，这块原生态的、仍“待字闺中”的锦绣大地，其山魂水魄、日精月华必将促使仡佬儿女用色彩构图建造现代化的“世外桃源”，为千姿百态的民族风情勾勒浓墨重彩的“风俗画”，为千变万化的时代风云做笔力雄健的“书记官”。

新的时代，新的生活；新的机遇，新的挑战；新的梦想，新的奋斗。仡佬族，这朵绚丽的民族之花，在伟大祖国的温暖怀抱里，在争奇斗艳的百花园里，和55个兄弟民族一起，高歌猛进，尽情绽放。

就算天无三日晴
可它湿润我童年的梦想
地无三里平
蜿蜒我青春的希望
山含千种美
托起我的故乡

水含万般醉

甘甜我的夜郎

……啊

贵州我的故乡

我生长的地方

除了你我谁都不想

……

这是中国红十字会公益励志歌曲《一步一步走出精彩》的段首歌词，为贵州正安籍仡佬族歌手罗钢所作。多彩的贵州省正在大刀阔斧抒发自己的豪迈，“开荒辟草”的仡佬族也在脚踏实地书写自己的精彩。

哦，云天霞地的大西南，浓墨重彩的仡佬族。

参考文献

1. 吕思勉．中华民族源流史．北京：九州出版社，2009

2. 尹伯生等．贵州新文学大系（八卷本）．贵阳：贵州人民出版社，1997

3. 吴恩泽等．贵州文学丛书（20 卷本）．贵阳：贵州人民出版社，1994

4. 何光渝．20 世纪贵州文学史书系（五卷本）．贵阳：贵州民族出版社，2000

5. 钱理群．贵州读本．贵阳：贵州教育出版社，2003

6. 王刚等．黔北 20 世纪文学史．贵阳：贵州教育出版社，2001

7. 何仁仲．贵州通史．北京，当代中国出版社，2002

8. 周帆等．贵州少数民族文艺审美意识研究．北京：民族出版社，2010

9. 毛星．中国少数民族文学．长沙：湖南人民出版社，1983

10. 马学良等．中国少数民族文学比较研究．北京：中央民族大学出版社，1997

11. 梁庭望等．中国少数民族文学概论．北京：中央民族大学出版社，1998

12. 中国作协．新中国成立 60 周年少数民族文学作品选：理论评

论卷．北京：作家出版社，2009

13. 熊大宽．仡佬族文化百科全书．贵阳：贵州民族出版社，2002

14. 郑继强．仡佬族与夜郎文化研究．贵阳：贵州民族出版社，2007

15. 谢爱临．仡佬族百年实录．北京：中国文史出版社，2008

16. 张济民．仡佬语研究．贵阳：贵州民族出版社，1993

17. 张丽剑等．仡佬族简史．北京：民族出版社，2008

18. 王光荣．仡佬民间文学探索．南宁：广西人民出版社，1994

19. 广西师范学院民族民间文学研究所．回、彝、水、仡佬、毛南、京族民间故事选．南宁：广西人民出版社，1988

20. 贵州省仡佬族学会．仡佬族歌谣选．贵阳：贵州民族出版社，2004

21. 罗懿群等．叙根由．贵阳：贵州民族出版社，2009

22. 安顺民委编．仡佬族古歌．贵阳：贵州民族出版社，1991

23. 田金海等．中华民族故事大系·仡佬族民间故事（第十三卷）．上海：上海文艺出版社，1995

24. 翁家烈．仡佬族．北京：民族出版社，2005

25. 庹修明．巫傩文化与仪式戏剧研究．贵阳：贵州民族出版社，2009

26. 张民主．贵州少数民族．贵阳：贵州民族出版社，1991

27. 贵州统计局．2001年贵州统计年鉴．北京：中国统计出版社出版，2001

28. 道真仡佬族苗族自治县概况编写组．道真仡佬族苗族自治县概况．贵阳：贵州民族出版社，1987

29. 道真民委．中国民间故事集成·道真仡佬族苗族自治县卷．贵阳：贵州民族出版社，1993

30. 贵州省务川仡佬族苗族自治县志编纂委员会．务川县志．贵阳：贵州人民出版社，2001

31. 务川自治县民族志编写组．务川仡佬族苗族自治县民族志．贵阳：贵州民族出版社，1992